Vision

一些人物，
一些視野，
一些觀點，
與一個全新的遠景！

讓天賦飛翔

盧蘇偉

回歸最純粹的自己，是一場漫長而蜿蜒的旅程。

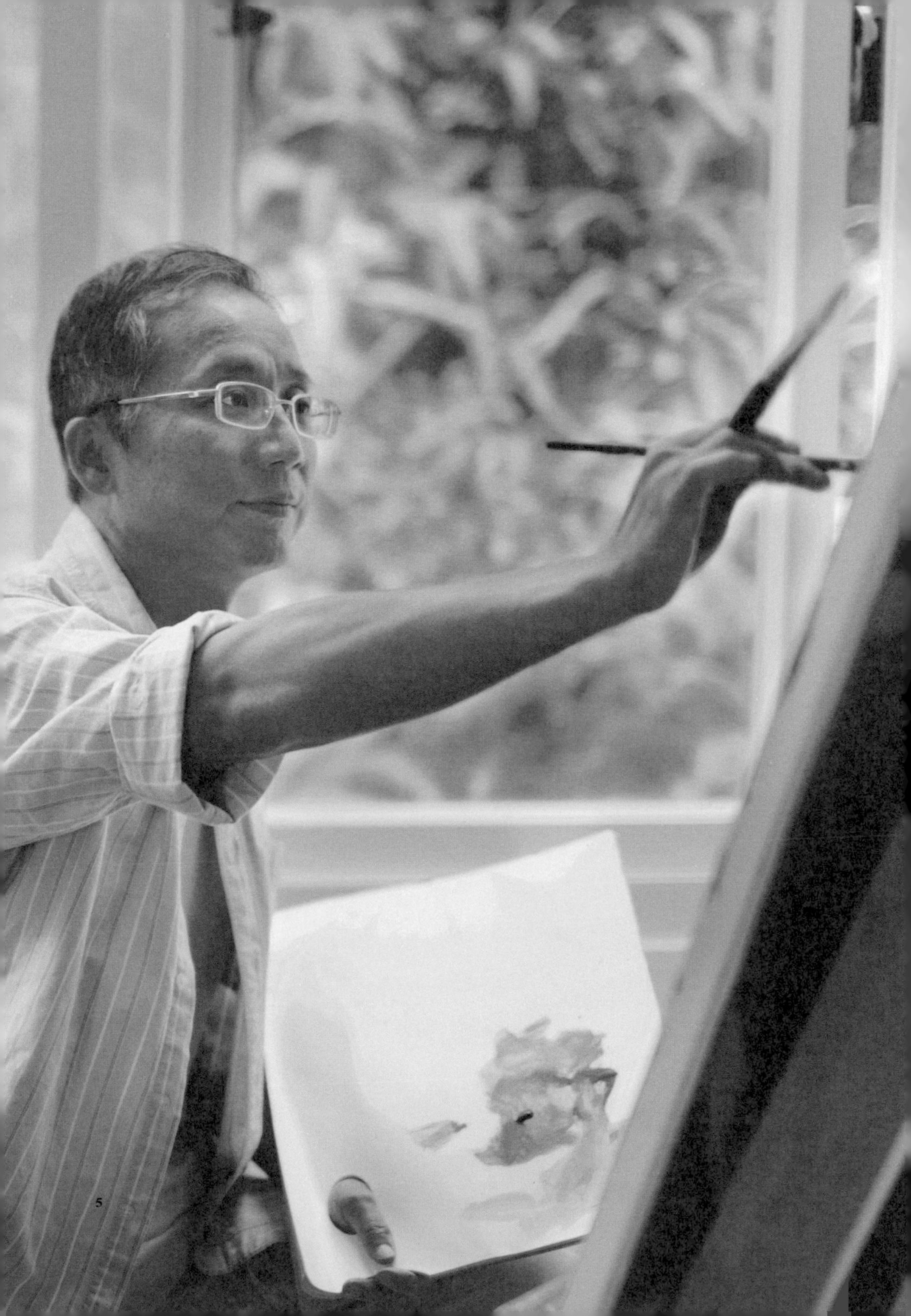

5

曾經，在升學主義的道路上，他一路走來，傷痕累累；一場又一場的考試，成為揮之不去的夢魘。

憑著一股不服輸的衝勁，他激勵著自己，一再挑戰極限。

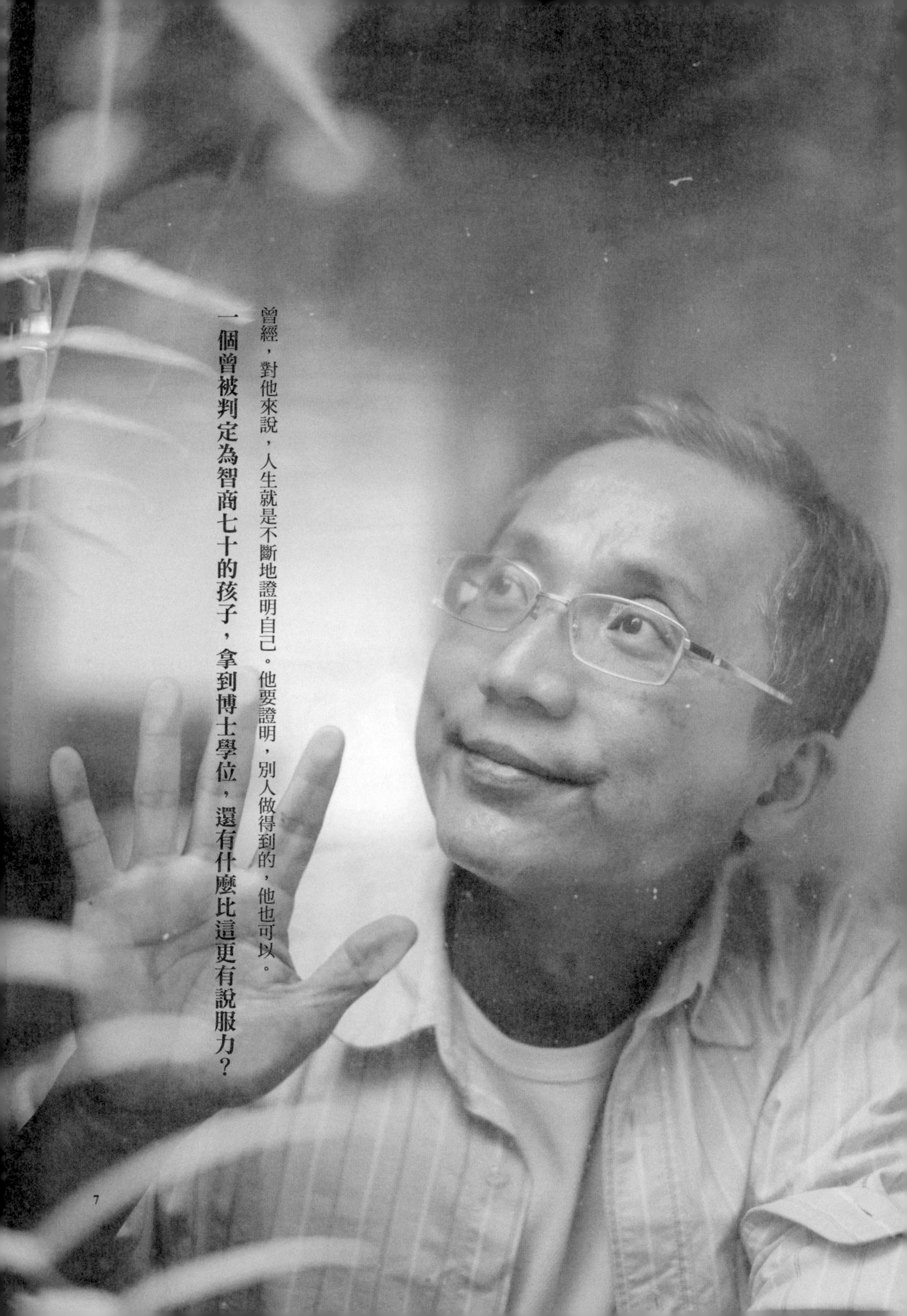

曾經，對他來說，人生就是不斷地證明自己。他要證明，別人做得到的，他也可以。

一個曾被判定為智商七十的孩子，拿到博士學位，還有什麼比這更有說服力？

他傾心創作

為此，在年過半百之際，他勇敢地做了選擇，放棄了博士學位。割捨掉的，不只是世俗的期待，還有親人的失落；後者，更需要勇氣面對，因為那包含著虧欠家人的一份恩情，一份責任。

1½
17 Cyanine Blue
18 Sienna Burnt

盧老師的畫風質樸不造作，皆為自學而來，
他刻意與學院技巧保持距離，
只為描繪出心中最真的那片景緻。

獨特 30p

堅持 20p

面對陽光 30p

各領風騷 20p

「我沒有要賣畫，也沒有要開畫展，只是想要畫出內心期盼的憧憬。
來拜訪我的朋友若看了喜歡，我就讓他們挑一幅帶走。」

偉大的夢想 50p

初起的太陽 50p

遇見幸福 30p

乘著光飛行 30p

是藝術創作，帶他回到了生命的最初與最終；
諦觀內心的空無之後，
他看見了靈魂最深處的自己。

他是人們的激勵導師，陪伴無數青少年走過人生裡那段黑暗迷惘的時光，但他自己卻不諱言，面對生命，他也一樣迷惘。

破曉前的浪舞 30p

在盧老師一手打理的庭院裡，
生命是許多不經意交織而成的美好，靜靜綻放著。

上帝為他關了一道門，卻又為他開了一扇窗。
深埋在心中多年的藝術種子，如今，
在這方天寬地闊的淨土中，歡喜萌芽。

寧靜 30p

展現風華 30p

愛與希望 20p

真正的勇氣，是放下繁華，從他人眼中的平淡，品嘗出甘美；
真正的幸福，是在純然孤獨之中，
與自己相遇，並且微笑。

迎接新生 50p

曦 30p

幾枝畫筆，幾罐顏料，加上一顆毫無罣礙的心靈，就足以展翅高飛。

原來，人生可以如此自由。

他屢次自我突破的生命經驗，不知鼓舞了多少人。

透過這樣的生命故事，與盧老師親筆手繪的畫作，我們將重新尋回做自己的勇氣。

夢想，無論多麼不切實際，
不管有多少人嘲笑，
只要堅定不移地為夢想付出，
人生都將會因偉大的夢想而不同。

而天賦的種子，往往就藏在裡頭。

單獨 30p

但願每顆心靈，
都能夠找到自己的天賦，
乘著它飛翔。

《讓天賦飛翔》

目錄

01

初起的太陽
獻給未來的黃金十年

為了社會的期待和家人的期盼，我努力了五十年，有什麼理由要我再花五到六年的生命，去實現別人的期待呢？我真正想要的是什麼？在自己的名片印上博士頭銜，就為了讓自己的生命故事更具啟示和說服力，或贏得更多人的尊敬和禮遇嗎？

未來黃金十年，不再為他人而活

五十歲時，我考上了警察大學的博士班，我也如願地提早退休，兌現了生活無虞，可以自由選擇自己生活的支票，但我重複地反問自己：

「未來如果還有三十年的生命，什麼是你真正想要實現的？」

「什麼樣的生活是你真正想要過的？」

用五到六年的時間取得博士學位，讓大家知道讀過啟智班的孩子，也能拿到博士學位，這曾經是我考博士班的重要動機，其中也包括先父臨終的期待和大姊的夢想；我知道博士學位對我及這個世界，都有著相當的價值和意義，但我反問自己：

「這是你要的人生嗎？」

為了社會的期待和家人的期盼，我努力了五十年，有什麼理由要我再花五到六年的生命，去實現別人的期待呢？我真正想要的是什麼？在自己的名片印上博士頭銜，就為了讓自己的生命故事更具啟示和說服力，或贏得更多人的尊敬和禮遇嗎？

「如果年屆五十，我仍為著別人而活，我將愧對自己的生命。」

「回顧和檢視在青少年時一度迷惘的問題，我問自己，人生的意義是什麼？人為什麼要活著？」

「如果人生只是一連串的苦難和考驗，今天死和明天死，又有何差別？」

幾十年的生命經過，活著的充分理由，不就是找出生命最大的價值和意義？人不只是一個「造糞」的生物，活著就是為了尋求和創造生命的價值和意義，活過五十歲，這幾十年來我為了現實生活，努力認真地工作，讓自己和家人生活無虞，幾十年的努力還清了貸款，也讓經濟完全的自主，可以不用再為生活而工作。

「讓我選擇和決定未來的三十年，我要什麼呢？」

「未來的黃金十年，我如何活在自己的國度，做自己真正的王呢？」

我很難取捨。一生的努力，是為了累積足夠的資產，而博士班的努力歷程，真的可以讓我得到或證實什麼嗎？然而這是許多人期盼完成的夢想。取得博士學位，完成最高的學歷，一生會因這樣就無悔無憾嗎？我不知道該給自己什麼選擇。正當這個時候，我遇見了龍潭的曉陶藝術工作坊尤尉州老師（http://shiautau.sun-line.com.tw/），第一次見到尤老師的作品，就讓我由衷地感動，樸實簡單，卻有著一種對生命深刻的關懷和體悟！尤老師、太太和孩子在偏遠的鄉間租屋，靠著自己的陶藝創作，過著簡樸又喜樂的日子，這一直是我夢想的生活。尤老師招待我用午餐，簡單的飯菜，有著師母的用心，這一家人，讓我有一種難以言喻的悸動，這正是我從年少以來，一直隱藏在內心深處，渴望的生活模式，猶如陶淵明的「採菊東籬下」或梭羅的《湖濱散記》，生活簡樸，心靈卻富足。我想，我現在應該也可以讓自己自由地選擇，決定自己的生活。我曾經學過做陶，我會拉坯，我也畫過油畫，我一直都覺得自己的最大天賦是藝術創造，但人生的際遇，始終無法讓自己的最大天賦得以展現。尤老師的創作和生活，給了我莫大的啟示，我有什麼理由再讓夢想延遲和耽擱呢？我有什麼理由，不給自己的生命一次機會呢？

「我要給自己的天賦一次機會。我要做一個藝術創作者。」

在這頓充滿著生命啟示的午膳，我做了這樣的重大決定。我退休就要從基礎的素描學起，我要讓自己的天賦飛翔。在這過程裡，我也深受蔣勳老師的《西洋美術史》有聲書的啟發，他講到梵谷和高更兩位畫家，都不是來自嚴謹學院派訓練的畫家，但他們畫出了生命的真正感動！

夢想明確，是實現的第一步

「我要為我自己而畫！」

我嚴正地把決定告訴了太太和孩子。

「你要讀博士學位，也要畫畫？哪一個才是你真正想要的呢？」

我的孩子很沉靜地問我，他知道我為何會考博士班；他也知道我生命真正的渴望，是做一個為自己創作的藝術家，生活無虞，無求於世俗，做自己想要的創作。

「很難立刻做下決定。什麼是我可以不要的呢？」

有一天翻閱慈濟的一本刊物，我突然醒悟，五十歲了，應該勇敢地放下不屬於自己生命的一切，我不要多餘的頭銜，我也不需要有無謂的名利，更不需要再為了別人眼中的我，做我不想要的事。

「唯有捨，才能有所得！」

「我要做真正的自己！」

我決定博士班要辦休學，為了可以安心的創作，我需要一處可以畫畫和做陶的工作室。我要把我可用的生命，用在自己真正想做的事情上。

穩步前進，夢想即能成真

「我要什麼樣的工作室呢？」

我在筆記本寫下自己的夢想：一處有山可靠，前有流水，遠離市塵，有天有地的獨立家屋，我想像中的它，應該是人家不要的廢棄工廠或是住家。基於小時候成長的記憶，我很自然地往三峽大豹溪和橫溪附近找地或合適的房子。由於出生在平溪，若能夠回到自己的出生地，建立自己的夢想屋，也是人生的快事。宜蘭也是我的選項，多年前，我在礁溪擁有一間小小的套房，給予我和家人許多美好的回憶。多年的努力和積蓄，我和太太有著一筆不算多的存款，不過，要在大台北買有天有地、可以畫畫和從事藝術創造的工作室，至少要有五十坪到一百坪的空間。許多朋友都告訴我，在大台北，這是不可能達到的夢想。

「怎麼可能！台北的房地產是這麼的昂貴！」

因存款不多，以致現實有太多的障礙，但過去的經驗告訴我，我的夢想明確，我相信這樣的房子一定存在，它一直在等著與我相遇。

偶然的機會下，我在網路上看到一則訊息——新北市中和區圓通路的房子，占地有一百七十坪，房屋兩層樓有八十坪，要價三千多萬。這超出我能夠負擔的預算，可是不知什麼緣故，這則訊息對我有莫名的吸引力。我利用午休自己一個人上山尋屋，一棟二十餘年的房子，因屋主未入住，雜草叢生，庭院雜亂；但我有種奇妙的感應，除了前沒有河以外，一切都符合我要的條件。這就是我要的，只要我買得起，就可以立刻實現我的願望。

屋主是個很善良的人，知道我喜歡，特別降了讓我能負擔的價格，於是，我買了從小就一直夢想擁有的房子，四周有綠地和樹林，樓頂可以眺望觀音山和大台北，一處離塵不離市的理想工作室，空氣好又安靜。當然，這是需要整理的建築物，我很幸運有對好朋友，他們夫妻之前是做建材和裝潢的，免費為我設計並請人裝修，我打掉了整個客廳的大面牆，讓光和景進入屋子，整個家頓時充滿了光彩；我也做了些植栽，讓整棟房屋被綠色植物和花朵包圍，也把魚池巧妙地改造，補足了沒有河景的遺憾。

夢想成真！在大台北有這樣的工作室，讓我滿足和喜悅。

所有決定都是為了自己

房屋的整修及貸款，讓我在第一年無暇從事任何的創作，第二年我告訴自己，該開始動工了。

「畫畫或從事任何藝術創作，素描是最重要的基礎。」

許多朋友都建議我先去學素描，我也認為這是一個好的建議；但我一直認為藝術創作和美工設計不同，它充滿著各種可能性，純描繪和寫實風格的確是要以素描做基礎，但藝術創作在我而言，它應該是個心靈美境的呈現，沒有一定的標準，你想什麼就可以呈現什麼。另一個未學素描的原因是，如果我接受了學院派的訓練，是否會就此讓我內在的「真」受到了影響呢？因為我沒有任何繪畫的學習經驗，我想用我的直覺來作畫，我很清楚我是為自己而畫，我不會開畫展，也不會賣畫，只為了自己的喜樂。周遭的親友都半信半疑，就像沒學過樂理和樂器的人，如何從事音樂創作呢？

「我相信我一定可以！」

十幾年前，我也是一時興起買了畫具就自己畫起來，或許這些畫在一些人眼中沒什麼價值，既不美也不像；但對我而言，它們從無而有，代表我內在許多和色彩對話的歷程，是我內在心靈的圖像，好與不好，與任何一個人的評價無關，我為自己而畫，為的是實現自我的夢想。

「你什麼時候讓大姑姑知道，你博士班不讀了？」

我的孩子似乎很替我擔心，他知道我的大姊對我的恩情，她為我去學教育，從國一就拉拔我到現在，她有的，她都希望我這個弟弟也擁有。對我的大姊，我有著崇高的敬愛，源於報答大姊的恩情，讀博士班的想法又起心動念了，我要怎麼讓她諒解，我生命中最重要的決定和選擇呢？

「真的很難啟口！」

每次家族聚會，大姊都會關心和勉勵我繼續加油把學分修完，好好準備寫博士論文，我和兒子都會相視，一臉尷尬，我的孩子支持我成就自己的夢想，就像我支持他勇於逐夢一樣。

「用什麼理由，才能讓大姑姑不要太失望呢？」

他真是一個好孩子，總會替爸爸找退路。我告訴他，有一天，若他不想實現他原有的夢想，而有新的選擇和決定，請他直接告訴我，我相信他的選擇一定是最好的決定，我一定會尊重和支持他。孩子很高興地伸手和我擊掌。過五十歲了，要不要繼續讀書卻像個孩子一樣，充滿著猶豫和罪惡感。

「謝謝你的支持。我一定會找一個合宜的時機，讓大姑姑知道。」

五十歲到六十歲是人生僅剩最後的黃金十年，我沒有把這十年用來追逐更高的名利成就，而拿它來實現童年最大的夢想，做一個藝術創作者。在這樣的黃金時刻，我清楚生命之所以貴重，不在於占有更多或爬得更高，而是做自己真正想做的事，讓自己過極度單純的生活，讓時間在自己生命的長河中靜靜地流動，享受屬於自己的時間和空間。

經驗分享，也是盡社會責任

「你還會繼續演講嗎？」

有一天，孩子突然問我。

「當然！」

演講也是我成長過程中很重要的夢想，像一個傳道士，把愛和希望分享給每一個人。這黃金十年，我除了畫畫，另一個構想是要用十年的時間實現核心志工的計畫，利用演講和有聲課程，讓每一個父母都有能力把自己、婚姻和家庭照顧好，並知道如何教出未來真正有品質的人才。我心目中的人才，是一個懂得和自己和好相處，又能用了解和賞識的心，把愛和希望分享給別人，能了解自己的天賦、興趣和優勢能力在哪裡，並把自己放對位置的人。他能充分地發揮自己生命的功能，用珍惜和感恩為別人付出和服務，我也發願，這些被幫助的父母能用最大的努力，把這份愛和希望盡可能地分享給我們的親友，做一個愛與希望的天使。

從事藝術創作是自我實現，從事社會公益服務是盡一個社會人的本分，是一場愛與智慧的實踐。我當初考大學的志願，就是做一個哲學家，一個能夠把愛和希望散播給全世界的人，後來我沒有繼續選擇做哲學家，而是選擇做一個能夠引領迷途孩子走回正途的導師，二十五年的努力，我陪伴三千多個孩子走過了人生的一段路，這些孩子豐富和精采了我的生命，我也完成了五十本（件）的各式著作。

「人生真的很豐盛！」

堅持目標，就能得到幸運

「我不需要再有任何的榮耀和頭銜，我決定博士班要休學。」

在一次家庭的聚會，我鼓足勇氣，提出了我的決定。我不太敢面對大姊的失落，而她的確很失望。當初她陪我到全民大講堂演講，我信誓旦旦地開出了我一定會拿到博士學位的支票，當時她滿心歡喜地落下淚水；如今我很怕她會因失望而掉下眼淚。但她了解我的想法後，並沒有太堅持，只說希望我多多考慮，她舉了好幾個退休後再攻讀學位的例子，並告訴我，如果這時放棄，這一生恐怕就與博士絕緣了，畫畫和攻讀學位並不相違背，可以一起實現。我一時難以多言，生命中的黃金十年，我期待自己所做的每一件事，都讓自己樂在其中，攻讀學位不是能力的問題，我相信我要，我也一定能得到。但在犯罪防治的領域，我找不到我期待的答案，我始終相信一個人有目標和夢想，就可以在人生的路途上，保持著努力和堅持，這些犯罪者，只是沒有夢想和目標，不願為自己的夢想付出和努力的人，他們沒什麼特別的問題。或許我沒有選擇適合自己想法的研究所，無法激發自己生命的熱情，最重要的，我不知攻讀學位，除了兌現自己的支票，對我的生命會有什麼特別的意義和價值。

大姊雖然失望，但還是沒有勉強我繼續就讀，一餐讓我胃中翻攪的晚餐，也是讓我放下心中大石的一餐。我將放心地享受我期待的生活，把黃金十年，拿來實現兩個自我夢想：做一個傳教士般的演講工作者，把愛和希望的種子散播給全世界；做一個忠於自己生命，把愛和希望彩繪在畫布或藝術作品的創作者。黃金的十年，也是用愛和希望耕耘的十年。

「等了五十年，終於可以全心做自己想做的事！」我不禁喟嘆。

我的孩子卻回答我：

「五十歲就可以做自己想做的事，阿爸，你是很幸運的人哦！」

的確！我該珍惜和感謝這份殊榮和幸運，放眼世界，有多少人如此幸運，在五十歲時就清楚知道自己人生要的是什麼？不僅知道，還能去實現自我！

「我真的很幸運！」

夢想加油

不論你年紀大或小，從現在開始的十年，都是你的黃金十年，這十年不會再來一次，你可以讓你的夢想再延緩等待十年；但這十年一樣會從生命的長河中流逝，再一次地問自己：

「我要的人生是什麼呢？」

「什麼樣的人生是富足和喜樂的？」

「怎樣的十年會讓我無悔無憾呢？」

好好珍惜。這是我們生命唯一的十年，你要用這十年過什麼樣的生活呢？實際的努力是必要的；但也永遠不要放棄你的夢想，在現實的努力中，累積實現夢想的資產，因為有夢想，人生因而富足和喜樂。

在創作裡飛翔

我決定要拿筆開始畫畫，畫什麼樣的內容和題材，可以描繪出我對未來黃金十年的期待呢？我決定畫一朵象徵太陽的向日葵，半圓的向日葵占據50P畫板的三分之二，我用黃色代表內在充滿的希望和期待，遠處廣闊草原的紅光，如晨曦照亮的雲彩，生命充滿著飽滿的能量。我要把愛和希望照亮全世界，我如初起的太陽，照亮自己和全世界，因太久沒有動筆，色彩和筆觸顯得笨拙和粗獷，我也未加以修飾，這就是我要的感覺，心中的色彩，沒有修飾，真實呈現內在心靈的顏色！期待每一個欣賞這幅畫的人，也得到滿滿的愛與希望的祝福。

〈初起的太陽〉，50P，見p.14彩頁

02
迎接新生
態度，可以扭轉命運

他有房，有車，有存款，雇用他原鄉的親友，大家都需要他，也尊敬他。但他卻不知道這樣的人生算不算成功！

自我實現，要即知即行

「我想，我要，但我做不到！」

「夢想是留給幸運的人，我不是。每個月維持溫飽都已經很難了，唉！」

「年輕時有體力和時間，卻沒有錢；中年有錢和體力，卻沒有時間；老年有錢和時間，卻沒有健康和體力。唉！」

每次的演講會場，都會有人發出這樣的唉嘆聲。

我的好朋友尤明順先生，也只是一個上班族，他一直有個夢想，要騎自行車環球一圈。他沒有太多錢，英文又不是很好，結了婚有家庭，但他決定給自己的生命一次機會，辭去工作，用幾個月的時間，實現了自己的夢想！

「完成之後有什麼感覺呢？」

一次的演講會場，有人問他。

「夢想的完成，讓生命富足和喜樂。」

夢想完成之後，他又回到原來的工作崗位，做一個上班族；但因為這次的自我完成，他得以繼續安心地工作，並四處分享單車環球的心得，廣結了各地好友，也激發了許多年輕人的熱情。

「有夢想，沒資源，什麼也不能做！」

「夢想一定要去壯遊嗎？」

只要你在網路上搜尋，一定會找到沒錢環島和環球成功的故事，又不是非要駕帆船環遊世界不可，網路上就有許多故事告訴我們，不一定要有船或有錢，邊打工邊賺錢，完成夢想不僅沒負債，還有存款。

態度決定一切

我曾經輔導過一個孩子杰安，他的夢想是要做一個有錢人，一個擁有很多、很多用不完的錢的人。

「多少錢才是你心目中的有錢？」

他看我一眼，回答我要很多，多到用不完才算。如果你不知道什麼是你真正想要的，你就需要擁有很多的東西、很大的目標和很高的成就。你永遠無法完成，因為即使目標完成了，你也不知道要停下來，享受夢想成真的成果；你會拚命往前衝，直到生命耗盡為止。想要有錢並沒什麼不好，但要有明確的數字，要知道多少錢才能讓自己滿足和安心。

「一億！」

杰安隨口給了我一個答案。一億算有錢嗎？在大台北，放眼看去，每一棟豪宅都超過一億，億萬富翁住的地點不一樣，家未必很大，也未必有庭院和魚池，但一億卻是一個上班族永遠可望不可及的數字，杰安想要有一億的資產。

「你要一億？你真正要的是什麼呢？」

杰安是來自東部的原住民，家對他而言只是一個簡陋的、可以遮風避雨的地方，他想要一個安全舒服的家，他想要有足夠的錢去買食物和日用品，他想要擁有他想要的所有東西。

「最重要的是，我不要過窮日子，我不要沒有尊嚴，被人家認為是社會的下流階層。」

「你真正想要的是什麼呢？」

杰安閉起了眼睛深吸一口氣。

「我要成功！我要我的父母和族人都以我為榮！」

「杰安要像張惠妹一樣，有錢，又有名，走到哪裡都受人尊敬，是嗎？」

杰安看我一眼，頭低下來，很氣餒地告訴我，張惠妹只有一個，大部分的人都只是她的粉絲，羨慕她的成功和光彩。

「夢想如果只留給少數人，這樣的世界就沒什麼意義和價值了。」

這個世界之所以充滿希望，就是因為每一個人的夢想，都有機會實現！

「這是真的嗎？」

杰安一副失落的模樣。大部分的人都沒有成功，他父親辛苦了一輩子，依然是個模板工，一家五口擠在十坪不到、又擠又骯髒的公寓裡，和他父親一起北上謀生的親友，也沒有任何人改變過這樣的宿命，成為一個有錢人，一個讓人尊敬和羨慕的人。

「下輩子吧！要不就去偷、搶、騙，要不販毒！不然咧？」

「成功是種態度，有錢也是一種態度。」

杰安的親友因為沒有改變窮人的態度，所以，窮了一輩子。杰安只要從現在開始改變，他就有機會脫離貧窮，未來成為一個有錢，又讓人尊敬的人。

「少蓋了，別騙人！如果可以做到，為什麼我的親友都沒有做到呢？」

「這就是為什麼成功的人，永遠都只是少數中的少數，因為大部分的人都不相信人可以決定自己的未來，人可以選擇自己的命運！」

「真的嗎？如果你說的都是真的，我不想要窮！我不想再過這種沒有未來的日子！」

杰安雖然激動，但他的表情讓我知道，他仍不肯相信命運是可以改變的，未來是可以由自己決定的。我要他想想，除張惠妹以外，有沒有他認識的人，他的人生是成功，是值得杰安效仿的！他舉出了許多他族人成功的例子，我問他，這些人和他的親友間，最大的差距是什麼？

「運氣好啊！遇到貴人和機會啊！」

「太好了！杰安找到這些成功者的關鍵，因運氣好，有貴人相助。怎樣的人會有好的運氣，怎樣的人會遇到幫助自己成功的貴人呢？」

「命啊！天生有好的命運！」

錯！這些人不是靠命運，而是靠他的態度扭轉了「可悲」的命運。我舉例，杰安最近到大賣場去打工，他曾抱怨這個世界是黑暗的，努力的人和摸魚打混的人，領一樣的時薪，這樣一來，誰願意努力付出？大家都是能摸魚就摸魚，能打混就打混。

這是大部分人的想法和做法，所以，大部分的人只能出賣時間和體力，現在時薪一百元，二十年後能領到的時薪也是一樣。要抱怨的不是社會，而是要檢視自己的態度，換作我們是老闆，怎麼可能給會摸魚和偷懶的人加薪和工作機會呢？

自己創造「好運體質」

「機會是自己創造出來的，命運是由自己決定的！」

如果一個人領時薪一百元，但他清楚知道，他只是為這一百元工作，能偷懶摸魚，他一定會打混；但他如果知道，老闆給他一百元，他要學習的是操練自己的能力，如何讓自己有能力做到值一千元或一萬元、十萬元的事？如果老闆付給員工一百元，員工很努力幫老闆賺到一萬元，老闆會怎麼對待這名員工呢？

杰安以不屑的眼神看我一眼，告訴我，冷血的職場，老闆一樣只會給員工一百元的時薪！

「真是這樣嗎？如果是一個有能力每小時賺一萬元的人，請問，這樣的人老闆若不高薪雇用他，他自己創業，有沒有成功的可能呢？」

「當然會成功囉！」

趁年輕，利用老闆給我們的工作機會操練自己的能力，就是對自己最好的投資，一個人的富有和薪水是由自己的態度而決定，一個人想要工作輕鬆薪水高，不是不可能，而是要問自己，要有什麼樣的專業和能力，才能讓自己做到和得到？

「不要為錢而工作，而是要為了投資自己的未來而努力。」

一個人的所得決定於他可以奉獻和付出的能力，能力來自於態度，態度來自於我們的選擇。

「杰安。你要什麼樣的未來呢？窮？還是有錢？」

杰安一臉茫然，他很清楚知道，努力付出和操練自己是很辛苦的。

「你付出什麼，你就得到什麼！」

「非成功不可」的決心

杰安和一般沒有成功的人一樣，都會為自己的不肯付出，找出無數的理由，我等著他告訴我。

「如果付出卻得不到自己要的結果，那不是白努力了嗎？」

付出不一定會有收穫；但不願意播種耕耘的人，是絕對不會有機會的，我很清楚即使杰安知道這個道理，也不一定做得到，成功的機會只留給非常渴望成功的人，這樣的人不是想要成功而已，他是一定要成功。

「杰安，你不會成功的。因為你還沒有經歷人生最痛苦和辛苦的經驗，你沒有決心一定要成功！」

我在法院輔導的孩子們，大部分都和一般人一樣，知道一些道理，但只是知道。他們想的是：「今天已經夠累了，明天再說吧！」明天到了，也是一樣。「拖延」是這些人持續貧窮的原因，我只能告訴杰安如何成功，但要不要成功，只有他自己可以決定。

「人性都是被動和懶惰的，主動積極的人是因為他有決心，他要改變自己的宿命！」

杰安所有的親友都給了他最好的前例，我期待著杰安的決心，給自己生命一次成功的機會，但這並不容易。

「像我爸媽的人生也沒什麼不好，做一天吃一天，還不是這樣活過來，把孩子養大了。」

如我預料的，杰安要有成功的態度，不是那麼容易的事。

「你可以像爸媽一樣，過同樣的日子，靠天吃飯，靠著體力和勞力，掙得有限的錢，勉強得到溫飽。如果這是你要的生活，你就要為自己的選擇負責，甘於貧困，樂在其中。」

「我才不要！」

杰安流下淚水，告訴我他爸爸罹患了口腔癌，沒錢醫病；媽媽身體不好，每天都要求工頭給她工作。弟妹還小，他決定要休學去打工幫忙家用，他們這麼辛苦，社會上卻沒有人關心和幫助他們。

「誰可以改變這一切呢？」

杰安的爸爸幾年前就知道自己不該再吃檳榔，年輕時也該知道，沒有認真工作，沒有存款，老年就會很可悲淒涼。誰決定了他的命運呢？一切都是他自己的選擇！

「原住民永遠都是社會的弱勢！可憐蟲！」

「是嗎？我認識的原住民有當醫生的，有當老闆的，有種果樹或做生意發大財的，一個人沒有成功，和他的背景無關。」

把成功當成習慣來培養

我來自貧無立錐之地的礦工家庭，我們很小就知道，礦工子弟的宿命，就是繼承父母繼續做礦工，最後得了一身病，或因意外而英年早逝。我們不想要這樣的人生。書讀不好，但還是要拚命讀，因為我們兄弟姊妹知道，如果書讀不好，就得去做礦工，誰可憐和幫助過我們呢？

「杰安，你可以決定和選擇你自己的人生。」

如果窮不是我們要的，就改變自己的態度，積極地在每一份工作和角色上，投資自己。發願要把一件簡單的事，做到全公司或全店最好，操練自己，獲得可以賺更多錢的能力！

「這種人很惹人厭耶。」

的確。當大家都在混，都在摸魚偷懶，這樣的人的確讓人討厭，會被同事排斥。但如果我們用一種珍惜感恩的心，做別人不願做的事，吃別人不願吃的苦，不計較所得，只問自己還可以再多做什麼的話呢？

「這樣的傻子，就沒有人會討厭。最重要的，你是為自己在努力，不是為了老闆或別人。」

這是我輔導過程中常遇到的情境，每一個人都知道要不斷地學習和付出，提升自己生命的能力和高度，但絕大部分的人都不願意去做，或不肯堅持地去付出，大部分的人之所以沒有機會成功，是因為他們自始至終都沒有非要不可的決心。改變是很容易的事，明確知道自己要的是什麼，全力以赴，堅持到底地努力，積極主動的態度就會成為一種習慣。

「成功就是一種態度和習慣！」

剛開始會很難，但養成習慣後，就會變得容易。我們要健康，就要每天注意飲食和睡眠，每天固定去運動，難嗎？一點也不。關鍵是每天不間斷地操練自己。

「你付出什麼，你就得到什麼！」

健康和成功一樣，要每天不間斷地堅持努力，有了健康，病痛就遠離你；每天操練自己的能力，成功就屬於你。沒有人可以代替他人做決定和選擇。

「杰安。我相信你會給自己生命一次機會，為自己做最好的選擇。」

杰安離開時一臉嚴肅，我知道，成功的種子已播在他的心田裡，關鍵在於他必須開始操練和投資自己的生命。

了解自己想要的，才能感受成功的美好

時隔多年，我再遇到杰安，他已經是一個頗具規模的承包商，開ＢＭＷ的名車，在大台北還有自己的房子。我恭喜他努力有成，但他帶我到他的工地事務所時，卻感慨地問我：

「老師，我成功了嗎？」

他有房，有車，有存款，雇用他原鄉的親友，大家都需要他，也尊敬他。但他卻不知道這樣的人生算不算成功！

「你要什麼呢？什麼是你真正想要的呢？」

如果你不知道，即使你占有了全世界，你也不會感受到自己的成功！

「我不知道。以前只知道自己要有錢就好，有錢，就可以買到自己想要的東西。現在該有的都擁有了，我還要什麼呢？」

有錢可以買到別人的禮遇和尊重，有錢可以指使差遣別人做事，有錢可以買到女人；但有錢買不到別人一輩子的尊敬和感恩，有錢買不到朋友和愛。杰安是來自於東部的原住民，我相信，如果他這一生能夠持續幫助他的族人擺脫貧窮，懂得如何投資和經營自己的生命，他會過得比現在更富有。

「這些人很難教，也很難改變！」

我哈哈大笑。杰安在遇到我的時候，要他改變是何等的困難，他都可以，他的親友和員工也一定可以。

「態度是關鍵！」

杰安告訴我，現在的年輕人，一代不如一代。好吃懶做，只想得到好處，卻都不肯付出。

「這就是為什麼你脫穎而出，和你一起來台北的親友，卻沒有和你一樣成功的原因。」

「每一個人都在決定和選擇自己的命運，你付出什麼，你就得到什麼！」

杰安和我異口同聲地表示。杰安做到了，他操練自己，投資自己，讓自己成為有能力賺到錢的人；大部分人仍然靠體力和時間，賺取微薄的工資。誰可以幫他們做決定和改變呢？

「只有自己！」

杰安告訴我，現在的工人很難教、也很難使喚，而且不耐操，他都不知道該怎麼辦。

「帶領他們重新為自己做選擇，給自己生命一次機會！」

其他的，就只能交給每一個人自己去決定囉！

夢想加油

就像我的畫〈迎接新生〉，我們的生命如耶穌基督的降臨，因祂改變了大半世界，只要給自己生命一次重生的機會，我相信我們會改變自己未來的生命。不要給自己找任何的藉口和理由，這是失敗者的習慣，為自己的成功找到方法，就是立刻行動，做我們想做和該做的，永遠讓付出大於所得，我們就會不斷提升和累積生命的資產，一切都是為自己而努力！

讓夢想誕生吧！

全世界都在等待和期盼你的夢想！

在創作裡飛翔

畫畫是自己生命的重生，提筆構圖之際，不知為什麼，我心中浮現耶穌誕生時三王來朝的畫作，或許這是上帝給的祝福，於是我把一朵荷花畫成像一群人在圍觀聖嬰的降生，前面和兩旁的花瓣歡喜地捧著花蕊，後面有許多花瓣，像圍著聖母（中間透光的花瓣），為誕生的聖嬰祝福。這幅畫是聽蔣勳老師的《西洋美術史》，提到達文西畫三王來朝的畫作，我想給自己的生命一個如聖嬰誕生般的神聖祝福，耶穌降臨這個世界，給全世界帶來福音和祝福，這幅畫是我正式提筆的第一幅畫，我看見自己生命的希望，也看見了神給予的祝福。藉此分享心中的感恩和喜悅給所有的朋友，願大家都勇於讓自己的夢想誕生，只要您願意開始這第一步，所有的美好，都將如聖嬰的誕生。

〈迎接新生〉，50P，見p.26彩頁

03

面對陽光
給自己的生命永續飽滿的能量

韋誠從一個小小的職員，努力成為了大老闆，幾十年前他來台北打拚時，不就一無所有嗎？為什麼當初沒有難過得要自殺，反而是經歷飽滿的人生之後，卻想不開，要走絕路呢？

童年滋味，餘韻深長

「我覺得人生沒什麼意思，很想自殺算了。」

我的朋友韋誠來找我，他告訴我他最近厄運連連，經營的公司接連被倒債，造成財務上的危機；孩子因他無法繼續提供高額的學費和生活費，對他惡言相向；他的另一半也和他吵架，離家出走。他回到屬於他的家，空蕩蕩的，他再等不到資金還貸款，這個房子即將被拍賣。

「我一無所有，窮途末路，只有一死才能讓自己解脫！」

我特別為他泡上一大杯的烏龍茶，要他慢慢地品嘗這茶的味道，他喝了一口停了下來，似乎很難再喝第二口。

「好喝嗎？」

他搖搖頭，表示沒什麼茶味。

「因為這是茶枝和茶屑泡的，的確沒什麼味道。」

以前我也不喝這種茶，這些茶原本是買來泡蒸氣浴用的，有一天我不想喝茶，也不想喝水，就隨意抓一點放在白開水中，因為只有淡淡的味道，喝了不會睡不著，晚上我想喝茶，就泡這樣的茶，習慣了，反而不太喜歡所謂的好茶。同樣滿足口欲，這樣的茶一斤才六十元，卻讓我回顧童年的美好經驗。我父母是礦工，住在深山，我很喜歡到同學家找茶喝，種茶的人總把好茶拿去賣錢，剩下的茶枝茶屑，留著自己泡，一大壺的茶，就是這樣淡淡的味道。

爬得愈高，跌得愈重

韋誠的人生大起大落，白手起家的他，已經過慣了富裕的人生，我認識他，是在扶輪社的演講會場。他重視孩子的教養，從小都給孩子最好的，吃用和就讀的學校都是第一流。他認為爸媽供養得起，就盡量給，孩子和同學聚餐，一客幾千元很平常，開著百萬名車，住在精華區的華廈裡，他邀我去他家用餐，家裡就像五星級飯店一樣的豪華，餐具聽說一套好幾萬元，任何一道菜都要幾千元，許多東西都是我第一次聽到的。他希望我能做他孩子的家教老師，他願意付高額的學費，只盼望能讓孩子懂得珍惜和感恩，知道主動積極為自己做最大的努力。我告訴他我做不到，這些態度只有父母的身教可以做到。雖然他有些失望，還是和我保持聯絡，成了我的朋友。

我刻意請他喝這樣的茶是有用意的，他也是來自貧困的農家，小時候一定喝過類似的茶，當我們是孩子時都不曾嫌棄過這樣的茶，常掀起鋁製茶壺蓋當茶杯，就大口地牛飲。韋誠從一個小小的職員，努力成為了大老闆，最後繁華落盡，只剩下孤零零的一個人，幾十年前他來台北打拚時，不就一無所有嗎？為什麼當初沒有難過得要自殺，反而是經歷飽滿的人生之後，卻想不開，要走絕路呢？我很高興他把我當朋友，許多男人遇到事情是不會找人商量或協助的，韋誠願意來找我，表示他仍然對未來懷抱著希望，只是不知該如何面對接二連三的厄運和挫敗。

人生的危機，也藏著契機

「你期待的未來是什麼呢？」

韋誠當然希望能再度擁有財富，過著無虞的生活。白手起家不容易，但以韋誠的經歷，以他累積的豐富人脈和資源，要再有一番作為，並不困難。

「我想過，也做過了努力！」

誰知道當初一起打高爾夫的球友，知道他的困境，大家都只是口頭安慰，要他們給予實質協助時，每個人都避之唯恐不及。這種經驗我嘗過太多了，表面上都宣稱自己是熱愛生命和助人為樂的上流社會人士，一旦要他們捐助個一兩千元，多數都無法從皮夾裡掏出錢來。韋誠是個例外，他有錢參加上流社會的團體，當我演講完，也主動地協助我義賣，這樣的熱情讓我銘記在心，我決定一定要幫他走出困境！

「你失去很多，請問你還擁有什麼呢？過去的幾十年努力，你留下來什麼？」

韋誠目前失去的只是一個數字龐大的金錢而已，他並沒有失去所有，他仍然可以富有。韋誠思考了片刻，黯然地露出苦笑。

「最珍貴的，就是像你這樣的朋友。真是患難見真情！」

「還有呢？朋友是很重要，你還有什麼資產呢？」

一提到資產，韋誠臉色馬上變得嚴肅。在銀行的紀錄中，他的資產是負債幾億元；公司是租用的，住家早已高額貸款，汽車是租賃公司的，他還有什麼資產呢？高爾夫球證，還是幾張俱樂部的會員證？他看看手上的名錶和鑽戒，這些物品的價值都很有限，韋誠開始有些焦慮，唯恐我知道他僅存的有限。

「想想你無形的資產。」

韋誠擁有健康，家庭也還完整，雖然孩子因為這樣的境遇，被迫要離開國外的貴族學校，表面上是個災難，但往好處想，何嘗不是人生的契機呢？生活不一定要豪奢有錢，平淡的生活裡也會有富有的人生，何況韋誠老家還有田地呢。

擁有的一切，都是和上天借來的

「別人衣錦還鄉，我是落魄歸里。唉！這樣不如去死還痛快些！」

我能體會韋誠的心境。我的父親到離世前，都難忘他離鄉背井的誓言，他只有成功才會再返回他的故鄉。我記得他離家二、三十年後，第一次返鄉掃墓，神情落寞，喃喃自語說：「我有成功嗎？」沒有顯赫的名望和財力，僅有一棟安家的房子和代步的車子，唯一慶幸的是六個子女都養大了，這樣就算成功了嗎？

我想許多人很難理解，成功的定義是什麼？一定要鄉里萬頭攢動，眾人稱賀才算成功的話，這樣的成功，有幾個人做到了呢？即使台灣的首富回到他的老家，也不會有太多人觀望，韋誠用公司的名義租用了頂級的豪華轎車，逢年過節停在老家大門前時，總會有年輕人和孩子在車邊圍繞，他覺得這就是成功。現在一無所有，回家種田，之前的榮耀一夕掃地，活著，要被人指點和嘲笑，的確，死了會比較痛快！

我告訴韋誠：

「我從來沒有成功過！」

因為父親的生命經驗告訴我，在人生得意時保持著謙卑的態度，失意的時候就不會給自己製造難處。我從食衣到住行，一直維持著樸實簡單。小時候，我們是那麼能享受茶枝泡茶的順口和美味，何以人生經歷豐富後，我們的快樂和滿足就變得困難了呢？如果知道我們不曾擁有，我們就不會失去。韋誠如果知道他只是暫時借住豪宅，借用名車和一連串與生命無關的頭銜，他今天就不會覺得自己失去了什麼。我們不過是回到了出發的原點，外在的毀譽都是過往雲煙。韋誠是個很棒的人，他富有時樂於布施和贊助，他不曉得他擁有了最珍貴的資產，他播下了許多愛與希望的種子，因他一直認為那是他該做的，所以，他做了，也就放下了！

能給予愛和陪伴，才是真富有

「失去一切，你還是很富有。」

韋誠竟然哭了起來，只因在窮途末路時還有人看見他的富有，但他一點都不覺得。他的太太因為他事業失敗，已經離家好幾個月；孩子因他無法再供應學雜費，必須中止學業。他孤單一個人，公司因積欠薪資，員工一一離開，他如喪家之犬，每天都在提防債主和員工找他要錢。

「活著真的好苦！」

我啜飲著茶枝泡的茶，只有淡淡的味道，韋誠也很自然地拿起茶杯，慢慢讓茶水滑進他的食道。他年輕來台北時的處境有比現在更好嗎？賺微薄的月薪，扣掉租屋和生活費，所剩無幾，他發誓絕不要做領人月薪看人臉色的上班族，他不要做社會底層的勞動者，他拚命地力爭上游，很年輕就當到一家頗具規模企業的經理，接下來又決定自己創業。他一直都很幸運，景氣機會都一直眷顧著他，他不斷地擴展事業的版圖。我初次遇到他時，名片上一大堆頭銜，是這家公司的董事長、又是另一家公司的董事或總經理、社長或顧問，當時他很忙碌，為了孩子的教養問題，屈就來請教我，我知道當時無論我說什麼，都很難讓他了解，孩子需要的不是什麼學歷或能力，他需要的是父母更多的愛，而愛，來自對孩子的重視，願意放下其他的工作，陪伴孩子一起成長。韋誠卻認為靠父母的財勢，讓孩子站在巨人肩膀，孩子的視野和發展寬廣，就會有非凡的成就，我能多說什麼呢？這些有錢人的價值觀往往如此，眼中只有錢，也只想用錢買到孩子晶鑽般的未來。在社會上，有多少富有的第二代，無心經營幸福的婚姻，更不用談懂得如何教養子女，因為他們未能從父母那裡得到過，當然也無力給另一半和孩子真正的快樂和幸福。我認識韋誠時，他每天都很忙，行程滿滿，除了事業，為了讓自己躋身所謂的上流社會，熱心參與各種名流社團，和社友四處球聚。我剛開始都不太懂，如果為了工作，不得已要應酬奔波，無可厚非；但為什麼還要找一些職位和頭銜，讓自己連和家人好好吃一頓飯的時間都沒有呢？每一次我到這些社團演講，都有一種感慨，我們不得已為了一點微薄的鐘點費四處賣聲和表演，我很清楚短短的三十分鐘，沒有幾個人用心在聽講，這些人表面上熱心公益，但對公眾事務捐出的錢數，都不及那頓餐點的費用，每一個人不是什麼長，就是什麼主委，許多人都非常資深和年長，參與的時間長達一、二十年，我不懂為什麼珍貴的生命和時間，不用來陪另一半和家人呢？像韋誠現在，他無法理解為何太太離他而去，為何孩子對他惡言相向？他只是滿足了太太和孩子的所有生活需求，彼此之間建立的是金錢和物質的關係，而不是生命中幸福和快樂的經驗。

每場挫敗都是恩典

我不忍心在此時多著墨韋誠過去未做到的，因他幫過我，我會竭誠地盡我所能幫他度過難關，讓他有機會在逆境中找到最好的出路。他今天的困境來自他過去播下的種子，沒什麼人願意做個上班族，為一份死薪水唯命是從，做企業賺錢的機器，所以韋誠努力做一個成功的老闆，他也做到了！然而，他卻沒有享受到生命的喜悅和祝福，每天穿著正式的西裝，為了賺更多的錢而耗盡心思，為了證明自己的成功，忙著和上流人士往來，讓自己的名片多幾個亮麗的頭銜，每天奔波忙碌到好好睡覺都成了奢望，他不知自己的努力要得到什麼結果，他占有許多，卻不比上班族富有。

我認為韋誠在這個時候遇到這樣的挫敗，是上天賜給他的禮物和恩典，讓他停下來檢視自己的所有，沉靜地思考自己接下來要過的生活，他幾十年來的努力，製造出今天的難題，他必須為自己找到幸福的出路。

平淡回甘的滋味，才是真幸福

「都是錢！只要有錢，再給我一次機會，我會有不一樣的選擇！」

韋誠似乎不懂我真心想幫助他。再給韋誠一筆錢，解決眼前的難題，讓太太繼續做貴婦，讓孩子繼續做王子，高高在上不知人間疾苦，等他學業完成，直接準備接班當老闆，這樣就是最完美的結局嗎？若一個人無法過簡單和容易的生活，我們將終生為了維持外在的一切而忙碌，而生命將如浮光掠影，轉瞬耗盡。一個人因勞動付出而掙得每天的所需，雖然辛苦，卻會很充實和滿足。許多父母成天辛苦努力，反讓孩子失去自理的能力，一定要別人的服務和幫助才能生活，卻沒有意願和能力為別人付出。這樣的人，和殘障是沒有什麼不同的。在我們貧困時，幾十元就能飽食一餐，隨便睡在地板就能有一夜好眠，何以我們努力到現在，花費幾千元的餐點，都難以讓味覺得到滿足，住在萬元的旅館，都難有一夜舒眠呢？

「再喝一口茶吧。」

以前我也不會想喝這種劣質的茶，可是我提醒自己，如果失去對這種粗茶的快悅，我的人生將失去更多快樂的可能。我刻意保持讓自己過最簡單和容易的生活，我清楚地知道愈能簡單和容易地生活，一個人就愈容易富足，因為需要不多，我們只要有一點錢，就能過得快樂和幸福。

「韋誠，你失去許多，但你沒有失去富有的能力。重新選擇你要的人生，這是最重要的契機！」

我不知道我的話韋誠體會了多少，我不能為他做任何的決定，像他這麼有能力的人，從谷底再出發並非難事，但若有機會重新開始，他卻依然和過去一樣，生命的意義和價值，就會很有限。韋誠和我談到這裡時，他沒有再多說，輕輕啜飲著粗劣的茶枝泡出來的茶，閉起眼睛細細地品味含在口中的茶水，似乎從童年的滋味裡，找到深深長長的記憶。同是窮苦孩子，都有著共同夢想，就是要成功！要父母以我為榮！要做一個有錢人，不要再過苦日子！幾十年的努力，我和韋誠都脫離了貧困的宿命，但境遇不同，他選擇了社會的榮耀和光環，我選擇了平凡和簡單的人生。

「我很富足，我希望你也能夠享有這分富足！」

「韋誠，這是人生難得的機會，選擇你要的一切！」

韋誠和我緊緊地握手，我忍不住擁抱他，兩個男人抱在一起，沒有任何的尷尬，只因我們生命中有共同的童年記憶。我祝福他找到人生真正的幸福，也給另一半和孩子真正的幸福。

從災難之中，看見希望

韋誠離開之後，有好久一段時間沒有他的訊息，他再和我聯絡，已經隔了兩三年，他在email中告訴我，他奇蹟似地度過了所有的難關，倒他債的其中一位朋友，及時把錢還他了，他拿這筆錢重新周轉，讓公司再度運作。他賣掉了豪宅，住在簡單的公寓裡，換乘公車和捷運；太太回來了，孩子也結束國外的學業，重新在台灣申請大學就讀，一切都是那麼的美好。他讓自己瘦了二十公斤，每天都吃極簡單的三餐，早上晨跑，晚上陪著太太在附近的河濱公園散步，孩子學會了自理生活，課餘在餐廳打工學習，他嘗到了真正富足的滋味。

「感謝生命中的風暴和災難！」

「感謝生命中的導師！」

讀著韋誠的信，我忍不住流下感動的淚水。我何其幸運，沒有在風暴大難後才找到人生的出路，我再次看著我畫的〈面對陽光〉，心中有著無限感恩，先父生前一再用各種不同的故事教導我，任何事件的發生都有原因，你面對陽光，你就會看見希望！因先父的教導，我才能在生命的種種抉擇中，選擇自己真正期待的幸福和快樂。

「我是何等幸運！」

夢想加油

我的朋友：不管你現在身處何處，我都只有一句祝福，希望這樣的故事，能讓你找到人生簡單的一條路，我們不需要再占有更多，因為我們早已擁有所有的幸福，再多的追求，都與我們要的幸福無關。珍惜你的所有，勇於實現你的夢想。懷抱夢想，你會發現你就是最富足的人。衷心祝福你擁有幸福！

在創作裡飛翔

這幅畫很特別，荷花瓣大部分已經凋落，只剩下蓮蓬上的一片花瓣。美麗即將結束，人生也要隨之落幕了嗎？注意看那飽滿的蓮藕，內裡蘊含滿滿的結子，晨曦照在孤立的花瓣上，像是個舞者，在完美演出之後，優雅地高舉著手準備謝幕，更精采的戲碼即將上演。我想表達的是，生命是個循環，有起就會有落，有生就會有滅；但生命不曾受到任何生滅的影響，持續循環著。遇到任何的挫敗和困難，我們若能面對陽光，就會看見希望。

〈面對陽光〉，30P，見p.10彩頁

04 等待曦光
在黑暗中點亮希望

對待一個犯錯的人，難道就只能一再地逼迫他，讓他無地自容、跪地求饒嗎？還是每天懲罰他，把他打入人間地獄呢？

用愛和體諒取代指責

在我演講會場一開始，秀娥就把她的信遞給我，厚厚的一疊，拿在我手上倍感沉重，她這麼用心地寫這封信，又特地老遠的把信拿到會場給我，我知道她一定在生命的旅程中，遇到了難以突破的困境，她或許讀過我寫的書，期待著我能給她解答和希望。演講前的時間很短，我只能大略地翻讀一下，她很仔細地描述她先生的背叛和孩子的叛逆，她在雙重煎熬下，得了憂鬱症，經常都有想要自殺的衝動。

「我該怎麼辦？」

演講會結束，她特地留下來，希望得到我的解答。

「我無法幫妳什麼，只有妳自己有能力幫自己。」

憂鬱症是精神上的疾病，靠藥物只能治標，她的無助是可以想像的，另一半外遇，她已經身心受創了，孩子非但未能體諒和協助媽媽，還對媽媽惡言相向，媽媽當然會情緒失控。秀娥這段期間不好過，但我相信她的先生和孩子也不快樂，一家人都備受煎熬。

「我先生活該！為什麼他要出軌，要做出對不起我的事！」

秀娥的內在仍充滿著怒火和怨氣。的確，先生外遇是不應該的，不過，難道這過程中，秀娥都沒有任何疏失嗎？

「孩子呢？」

「一個不懂事的孩子，自私自利，只顧著玩自己的線上遊戲，不給別人管，也不給別人教！動不動就罵髒話，摔東西！」

一個氣氛欠佳、沒有良性互動的家庭，我們很難期待孩子懂事聽話。孩子無法改變父母任何事，父母也無暇關注他的想法和感受，所以他用粗暴的方式，表達他長期的不滿，也是可以理解的。

「都是我的錯嗎？我錯在哪裡？」

秀娥並沒有了解我想幫助她的善意，情緒激動得讓在場的人都轉頭注意她。一個家庭的危機，很難說是誰的錯，然而，改善的起始，必定來自於彼此都能退一步的諒解。秀娥期待的是挽回先生，讓家維持完整，期待孩子能珍惜感恩這個媽媽的付出和努力。先生的外遇是無法改變的事實，如何讓一個外遇的男人能迷途知返，一起共同珍惜這個家，這才是秀娥要的。孩子長期被父母忽視，心中累積了許多不滿，而秀娥只想改善他沉迷網路遊戲的惡習，言行卻繼續惹惱孩子，讓親子關係更加惡化。

男女先天特質大不同

「專注妳要的結果，妳才可能得到。」

先生外遇是常見的狀況，我沒有能力處理這樣的事件，我唯一能做的，就是協助當事人，釐清事件，找到自己要的結果，從困境中找到可能的出路。秀娥在信裡一再地提到，她只有一個卑微的願望，就是一個完整和樂的家，她反問，這樣平凡的願望，對一個全心奉獻給家庭的女人，應該不算太高吧？因時間很有限，我很難用簡短的對話，讓秀娥知道這是每一個家庭共同期待的願望，但台灣有三分之一的家庭無法得到，外遇離婚所造成的單親家庭愈來愈多。

「都是男人惹的禍！」

秀娥等不及我的答案，就忍不住批判。的確，自有人類以來，男人無法專心於一個伴侶，是造成家庭紛擾的重要原因，有朋友開玩笑說，外遇是每一個男人都會犯的錯，所以，犯了也就沒什麼錯。男人本質上就比女人容易受誘惑，受生理的影響，腦子裡經常會受性幻想的打擾。我自己是個男人，我對自己是不是會出軌有外遇，一點信心都沒有，所以，我遠離所有誘惑的場所，避免和異性有深度的來往，每一次和異性獨處，我都會很緊張和焦慮，很怕潛藏在自己內在的野獸，會超越我的理性，惹出不可原諒的禍事來。我清楚知道，我的內人才是我生命中最重要的伴侶，我不能讓自己成為一個破壞幸福和婚姻的禍首。我沒有外遇，但我從不敢沾沾自喜，我只是幸運而已，因為我的警覺和防範，加上客觀環境都很好，所以，我沒有闖禍。

我這樣的陳述，不是給自己未來外遇找託詞，而是看見自己在「性」這方面的弱點，我不知道自己的理性，在一個充滿誘惑的環境下，能否繼續保持一個正人君子該具備的態度，所以，更要遠離可能的誘惑，避免自己誤闖叢林。我這樣說，也不是要所有的女性對先生失去信心，而是希望她們努力投資和經營婚姻，讓每一個男人都知所警覺，珍惜所有，因為一個家的幸福和愛，來自每天點點滴滴的付出，但再大的努力和奉獻，絕對抵不上一次的出軌和外遇。

我相信每個男人都懂得這些道理，但生物的本能，就是會讓男人忍不住把頭轉向衣著清涼的檳榔西施，或色情圖片和網站的連結，對著曼妙的女性產生性幻想。每個已婚的男人都知道，女性的衣服底下有著什麼，但大部分的男人仍然很難不把視線瞄向漂亮女性的胸部和大腿。男人的確很色，很難理解！為什麼會把一生努力建立的家庭，毀在一次的外遇呢？最奇怪的是，外遇還會一再發生，許多外遇的男人都不知道自己在做什麼？

我認識許多有名望和地位的男人，在眾人面前都是正人君子，一副道貌岸然的模樣，但遇到漂亮的異性立刻色瞇瞇，會趁機毛手毛腳，做出性騷擾的舉動，有什麼好意外的嗎？這些地位高和有成就的人，不過就是一般的男人嘛，除非他性取向比較獨特，否則怎麼可以信賴任何一個男人，完全不會對異性有視覺和接觸上的侵犯呢？如果一個女性相信她的先生眼中和心中都只有太太，這是絕對有風險的想法，男人本能上見到漂亮的異性，沒有與性有關的幻想是很少見的，夫妻因工作兩地相隔，幾週或幾個月才能見面一次，正常的男人平均每週有兩到三次性需求的高峰，一個男人看看色情光碟，用自慰的方式解決生理需求，是很正常的事。如果男人所處的環境欠佳，有機會出入酒店或聲色場所，要受到誘惑的男人克制自己的情慾，坦白講，這是很困難的事。身為一個男人，有責任要看顧好自己，遠離所有的誘惑，但在職場上，又難免遇到引人幻想的對象，如果自己又沒有高度的警覺，陷入情色陷阱的風險就會很高。

一味以受害者自居，很難得到幸福

「男人還真不可靠！」

這是我要秀娥回去閱讀我寫的《看見男人》，她給我回信的心得。了解男人這樣的特性，身為女性，就應該比較知道如何降低先生的外遇風險，預防在先，總比事件發生了，把家搞得像個戰場來得好。我常分享我的心得給許多女性朋友，不管這個男性是誰，過去是不是有出軌的紀錄，都要避免或預防可能的情色陷阱。根據我輔導接觸個案的經驗，能夠謹守自己本分，選擇做一個正人君子，做一個讓人尊敬和信賴的男人的人，並不會太多。當然，這包括我在內。我盡我最大的努力，讓自己做一個讓人尊敬和信賴的好男人，但我剛剛已經講過，我的內在思緒也難免會被性的幻想所打擾。保護好自己，避免自己成為被性騷擾和侵害的對象，或成為介入別人婚姻的第三者，女性也有自己角色上的責任，我相信兩性能共同努力，維持一個幸福美滿的家庭，可能性就會高很多。

「女人還真可憐。」

我很真誠地表達，無非是希望秀娥能諒解她的先生，有許多的因素超出他的控制能力。先生外遇未必是一個家庭毀滅的開始，如果這是先生和太太共同成長的機會，讓這次的外遇，建構起更穩固的夫妻關係，外遇就不一定是災難或壞事。

「男人做錯事，要女人一起學習承擔？這是什麼道理呢？」

每次我提出這樣的意見，都會得到類似的回應。我一開始就知道秀娥求助，她期待的結果，是挽回先生的愛，讓家完整和幸福，秀娥明確要這樣的結果，但用法律或斥責、甚至情緒上的謾罵哭鬧，是無法得到這樣的結果的。那麼，要怎樣做呢？

「相信先生所說的沒有外遇的發生，因為妳仍愛他，妳就必須信任他，即使他滿口謊言，妳一樣要相信他。」

這很難說服秀娥。明明就不是這樣，事實擺在眼前，先生就是有外遇，還要相信他的滿口謊言。但我相信愛來自寬恕，來自諒解、來自包容，對待一個犯錯的人，難道就只能一再地逼迫他，讓他無地自容、跪地求饒嗎？還是每天懲罰他，把他打入人間地獄呢？先生外遇，身為妻子，當然受到很大的衝擊和傷害，但過去的事實無法改變，可以努力的是現在，怎麼樣讓風暴快速平息，讓家恢復該有的秩序呢？

「先生食髓知味再犯，或藕斷絲連怎麼辦？」

我之前花了許多時間，讓秀娥認識和了解男人，目的就是希望她能懂男人，在性驅力的生理需求之下，自我控制能力常會不足。這是不可原諒的；但值得諒解。男人外遇學到教訓，被諒解之後，承諾保證都不具任何效用，再發生類似情形的風險仍在，老男人也一樣具有風險。經營婚姻是男女雙方共同的責任，怎麼樣讓先生外遇風險降到最低，會比任何的擔心恐懼或承諾保證來得有用。

「女人活該要當受害者嗎？」

如果太太外遇，男人的痛苦絕對不輸給女性，歷史或社會上，男人為紅顏搏命的例子，屢見不鮮。這不是男人或女人誰比較占優勢，而是男女特質不同，婚姻中雙方都要學習和成長，共同為婚姻和家庭做最大的付出和努力。坦白講，男人之中會主動學習和自我提升的，的確不如女性；家庭的紛擾，男人闖禍的比例絕對多於女性，但那又怎麼樣呢？教女兒不要結婚，不要進入家庭嗎？

想怎麼收穫，就怎麼栽

「如果把男人外遇，當成一種風險來管理，想想如何讓風險降低，就會讓婚姻更容易幸福和美滿。」

秀娥比較能接受這樣的說法，從女性的角度來協助男人成長，讓先生成為一個有覺察能力和提升自我控制能力的男人，未來外遇的風險就會降低，這是可以努力的方向。

「大男人大概有了方向，家裡那個小男人呢？」

我想秀娥如果很認真地讀《看見男人》這本書，或聽過我的《成功父母手冊》教材，這個問題應該就會有答案。經歷那麼多的輔導經驗，我已經習慣個案只想拋問題找答案，不想耗時間去學習的心理；我也清楚，不論我給再多的說明，秀娥接著又會有新的問題，而即使她知道答案，她也未必有能力去執行。我希望她能學習面對自己的問題，有能力自己解決。我不想再給她任何答案，我只想引導她思考的方法。

「道理很簡單，妳要什麼結果，妳就先要有什麼樣的付出！」

父母期待孩子有很好的態度，父母必須先用好的態度對待孩子。要孩子主動積極地面對自己的生活和學習，父母就先主動積極地營造一個良性的家庭互動環境，把問題還給孩子，讓孩子懂得自己努力的目標在哪裡，學著自我管理。孩子長期被漠視，父母卻只想得到自己要的結果，這是不可能的期待，先和孩子建立良好的互動關係，有了「情」之後，「事」就會變得容易，每天都用心投資一份愛的存款和成功的經驗，兩者都具足了，孩子自然不用我們擔心！

美好人生，來自一連串的用心抉擇

「我覺得活著好累哦！」

連為心愛的人付出都覺得累，人生還有什麼不累的呢？秀娥的憂鬱症來自於她不想面對和解決自己的問題，讓自己生病只是逃避和退縮，並不會讓事件好轉，父母自身都不能正向積極地面對問題，又怎能期待孩子做到？

「什麼叫做累呢？做自己該做和喜歡的事，任何的付出都是心甘情願，怎麼會累呢？」

為人夫或人妻、人父或人母是我們的選擇，之前做不好，是因為我們沒有學習過，不知道該怎麼做，如果都已經知道了，又不肯付出和努力，誰可以幫忙我們呢？

「妳付出什麼，妳就可以得到什麼。這麼好的投資，有什麼理由不努力呢？」

「可是，還是很累。」

晨曦是可以期待的，如果我們不願做些努力，在晨曦降臨前，綻放我們生命的花朵，誰可以讓我們的生命懷抱希望呢？

生命是一連串的選擇，我們可以選擇抱怨和指責；相同地，我們也可以選擇努力經營和投資，我們選擇了什麼，我們就會經歷什麼。我不知道我還可以再為秀娥努力些什麼，我已經盡我最大的努力和心意，把我所知道的奉獻給她了。她的人生必須由她自己的選擇而決定。我只能祝福她，在曦光來臨前，準備好讓自己生命的花朵迎接希望。

夢想加油

我衷心祝福所有的人都能幸福和快樂。

方法和技巧都是那麼簡單，可是我們卻總是習慣於被動和消極的等待，在旭日東升前，有一段漫長的黑暗，黑暗其實是不存在的，只是光明尚未到來，用心經營我們的生命，曙光來臨時，我們就能擁抱幸福和希望。沒有任何一個人能夠不播種而有收成，不耕耘而有收穫的，用心播種，辛勤耕耘，我們就可以迎接希望！

在創作裡飛翔

這是一幅很奇特的畫：在漫長黑夜中，晨曦初啟，光正好照在展露的睡蓮上，萬籟俱寂。在寂靜中，所等待的希望，是我畫這幅畫的初衷，我想給身處困境的朋友感動和希望，人生難免會有不如期待的境遇，它會是災難，但也會是恩典。我們心中的信念，決定了我們要的結果，在逆境中看見希望，在困境中等待曦光，一切便都會有最好的安排，永遠都不要輕易失去盼望，耐心等待曦光。

〈曦〉，30P，見p.26彩頁

05

乘著光飛行

放下過去，才能看到未來

最精采的球賽，絕不是排名第一的選手從頭就以壓倒性的三比零過關，最精采的一定是逆轉勝，在賽末點仍能扳回劣勢。

太注重外在光環，來自內在的匱乏

「如果再給我一次機會，我一定會不一樣！」

「如果我重新選擇，我一定會更加珍惜和努力！」

「如果讓我再年輕一次……」

十幾年前輔導的一個孩子權鑫，如今已經三十好幾，在各方面都表現得還不錯，所以我也未再追蹤輔導他。最近他主動聯絡我，問了我一些法律問題，我知道他遇到麻煩了，便約他出來吃飯聊聊，吃飯的過程，權鑫一直重複著某些話，因為我不了解他遇到什麼樣的問題，所以只是聆聽，未給予任何的回應，他以為我不在意，就一直繞著類似的話，講了又講。

「權鑫，最近遇到了什麼麻煩呢？」

他看我一眼，深嘆了一口氣。

「造化弄人啊！」

我第一次與權鑫見面，就很好奇他的姓名，是否因為他的父親或祖父是個沒有地位、不受重視的人，或者是個飽受經濟困擾的人，否則不會取權鑫這樣的名字。後來我才知道姓名的來歷，如我所猜測，權鑫的祖父是大家族的長工，後來被東家招贅做為么女婿，事實上卻仍是沒有地位的長工，父親在一個卑微的環境長大，受盡親友和堂表兄弟的屈辱，很年輕就負氣離家，從做鐵工開始，後來有自己的店面。

我第一次家庭查訪時，也有點不明白，不是很富裕的家，卻有著很豪華的汽車，而且很謹慎地用車罩覆蓋著，好像很少使用。原來，這部車是逢年過節返鄉用的，權鑫父親名片上的頭銜是某鋼鐵公司董事長，還有一堆名流社團的頭銜，他的鐵工廠，不過就做些鐵門窗或鐵皮屋，請了幾個一起工作的師傅，很難稱得上鋼鐵公司，也無須把自己掛上董事長的頭銜。他第一次陪權鑫來法院，大熱天的，還特地穿西裝打領帶，感覺上就有點奇怪。我自己也是來自社會底層的家庭，我很能理解一些社會階層低、一直很怕別人不尊重，看不起他們的人，對於這些人，我會特別留意，給他們周全的服務和禮遇，以免傷了他們脆弱的自尊心。

權鑫在我輔導他時，都會不經意地在言語中讓我知道，他們家在彰化是個望族，現在還有很多田地，只是因為還沒有處理，但如果分家產，他們馬上就會變成有錢人，他未來要做一個大老闆，做一個有權勢又有錢的人。在輔導立場，我很喜歡這樣的孩子，因為他有動力要脫離貧窮。他有明確的目標，要當個老闆。「權鑫，你要做什麼樣的老闆呢？」

他告訴我，他要一堆員工唯他命令是從，每天都坐在豪華的辦公室，蹺著腳等部屬拿公文給他批，出門有祕書和司機，走到哪裡都有人很禮遇地為他開門，稱他董仔！權鑫的描述讓我想到，為什麼會有那麼多人沉迷在酒店或俱樂部。在現實社會，老闆表面風光，事實上，都是很辛苦的，要維持一個公司的運作，要讓每個月收支平衡，看似容易，但不是人人都做得到。多少人都是風光一時，落魄收場。花錢讓自己買到一點尊重和禮遇，其實是很虛幻和短暫的。我喜歡觀察社會上擁有高級名車、坐頭等艙或商務艙的人，車子不過是交通工具，何以要花這麼多的錢，去買一個燒錢的符號和標誌呢？同樣的時間抵達目的地，多花一點錢買寬一點和舒適的座位，若是長途旅程，可能還有點道理，但這些人真正要的是什麼呢？有趣的是，許多消費者都是年輕人，他們告訴我，他們在買一種尊榮的感覺！

權鑫要的或許也是一種內在的需求吧！我見過許多各式各樣的老闆，在外面謙卑有禮，回到公司卻一臉嚴肅，不僅嚴苛，還像個土皇帝！當時我並沒有給權鑫太多的教導，因為生命的旅程會是最好的導師，未來他會在人生經歷中找到自己的出路和位置。當時他因父親的票據牽連詐欺罪而來到法院，又因涉及傷害案件被裁定保護管束，他沒有父親家族愛恨糾葛的困擾，他很清楚，做一個真正的老闆和有錢人才是最重要的。

渴望成功，是走出逆境的動力

權鑫是個聰明的孩子，保護管束期間一直都有很好的表現，他知道要有錢做老闆，最重要的不是學歷，而是能力。做上班族是要窮一輩子的，他選擇做生意，因他爸爸的工作關係，他就從資源回收做起，他很有生意頭腦，最初自己開貨車四處收資源轉賣，後來愈做愈大，有了自己的合夥車隊，從價值較低的紙類，到後來還做廢五金和家電回收。他與搬家公司、設計裝潢公司、電器行等合作，提供多項方便的運送服務，兼做各種五金和二手電器的買賣。又因為一次機會，讓他參與了政府機構的報廢資訊產品回收，轉手就賺了一筆錢，之後他就和朋友合作做3C產品的回收和買賣，三十幾歲，就賺到了幾千萬，他野心很大，心想若能擴展到大陸市場，他就可以大展鴻圖。剛開始，他發展得不錯，誰知道大陸許多行業，都需要特別的許可，而他合作的夥伴，中途突然轉行做別的行業，新的競爭對手告發他違反法律規定，讓他不僅觸法，在大陸的財產還被管制凍結；而他在台灣的工作夥伴，竟掏空他的公司，另外設立新公司，接手他所有的客戶和資源，如今，他兩頭落空。

把握每個機會，是成功法則

「造化弄人！」

權鑫一直認為如果不是他交友不慎，今天就是個擁有數億資產的大老闆。

「權鑫！你已經很不簡單了，雖然許多努力並沒有得到你要的結果，但你的生命已因這段旅程而有所不同了。」

我很喜歡塞翁失馬的寓言，人生許多得失都是片面和短暫的，年紀愈長愈能澈悟，失敗未必是損失，如何積極地看待這個歷程，把失去的賺回來，總比一直哀嘆來得有意義。權鑫滿腦子都渴望著要成功，做一個出色的老闆，要賺很多錢，他不會就此而罷手，他一定會東山再起。

「我很不甘心。」

我因學會打網球，而常看各種網球比賽，權鑫也會打網球，他也喜歡看球賽，我以最近的賽事和他分享。沒有永久的球王，因為每一個人都想爭得這個位置，所以，每場球賽球員都是搏命以赴，最精采的球賽，絕不是排名第一的選手從頭就以壓倒性的三比零過關，最精采的一定是逆轉勝，在賽末點仍能扳回劣勢，我說的這場比賽，權鑫也有看。

「不要看失去多少，要專注眼前這一顆球；把握好機會，奮力一擊，就會創造下一次機會！」

權鑫很聰明，知道我要講什麼。我很清楚如果我直接地勸導權鑫，他很快就會停止對話，大部分的人都不喜歡聽別人說教，權鑫也一樣。由他自己找到的答案和出路，他才會珍惜、受用。

專注未來的遠景，而非一時情緒

「我已經over了！出局了！」

我相信權鑫這次的挫敗一定很巨大，如果是自己犯錯而導致的失敗，他就會認栽了；但他是因信任朋友，才血本無歸，所以他不甘心，想要報復，他說他要讓背信的人得到報應！權鑫說這些話時，眼睛充滿了凶光。

「權鑫，你是個有智慧的人，這不是你的選項！」

當發生了這樣的事，我們選擇報復，在情緒上或許得到了平復，但我們將會失去更多，殺了或傷了對方，我們能得到什麼呢？

「什麼是你人生的目標呢？你要成為什麼樣的人呢？專注你的目標，你才能得到想要的！」

權鑫看了我一眼，忍不住地重捶桌子。

「我就是不甘心，就這樣放過這些忘恩負義的小人！」

這是很正常的，誰願意讓自己的夢想毀在別人手上呢？我們可以像一些失手的球員一樣摔拍子，狂吼狂叫，但這又有何益處呢？即使輸了這一局還有下一局，專注思考如何才能贏取下一局，會比讓自己抓狂更有意義！

「你還想失去更多嗎？」

權鑫失去了金錢，他還想失去什麼呢？他已經好幾個月鬱鬱不平，他喝酒發洩情緒，另一半和孩子都受到很大的折磨。太太和孩子受不了他如此喪志失控，已偷偷離家，這讓他更加生氣，覺得外人背叛他，連自己的妻子和孩子也一樣離棄他。

「這是什麼世界？」

權鑫忍不住啜泣。生命是一連串的選擇，如果權鑫在失意時，選擇了報復，便讓自己陷入了痛苦的深淵。就如我們從台北開車到高雄，因一點小擦撞碰傷了愛車，就下車捶胸頓足，怒氣難消地找人出氣，惹出一堆麻煩，最後浪費了時間，上車之後愈想愈氣，狂踩油門任意超車，又再造成嚴重事故，車子毀了，人也到不了目的地。

「一個成功的球員，不是漂亮地打出一記好球。而是要打出一連串的好球，才有贏的機會！」

輸一局、輸一盤或一場球，就over出局，如果是這樣，那才真的玩完了。哪一個球員沒輸過球呢？也有球員屢敗屢戰，連連失誤，最後終於止敗，贏得全場觀眾起立歡呼。

「人生是一連串的選擇，你選擇什麼，你就得到什麼！」

相同的道理，你要得到什麼，你就要讓自己專注於你所要的，別管那些與目標無關的事務。這是權鑫難以接受的答案，一輩子用心經營，從無到有，最後又落得一無所有。他一定要把他失去的要回來！

「我要不惜一切代價，讓這群惡人知道我不好惹！」

權鑫因喝了點酒，情緒更加激動。他的注意力仍放在他失去的一切，我要怎麼讓他轉移呢？他的努力或許可以把失去的掙回一些；但他可能會失去更多。我在法院見到許多人為了爭一口氣，小小的官司就這樣彼此折磨多年，到最後誰贏了呢？這當然也是權鑫的選項之一，而權鑫目前就堅持這個選項。

沉溺於過往得失，很難看見未來

「什麼是你真正想要得到的呢？」

權鑫看我一眼，有些不解。把自己被掠奪的一切要回來，是天經地義，有什麼不對？公平和正義不重要嗎？生命中有許多事很難用重要與否來衡量，因為重要與否是比較的結果，當權鑫把自己的損失和過去的心血比較，想掙回原本屬於自己的一切，這當然重要！但如果與未來的成就和發展相比，今天的損失就未必重要了。

「如果十年後，你的成就比今天所損失的大上十倍或一百倍，你會怎麼看待這件事呢？」

權鑫看看我。我暗示他要看重自己的未來，他的能力絕不止於此，他煩惱的是眼前他幾乎一無所有。他沒有資金，人脈也被斷了，他要靠什麼重新站立起來？

「十幾年前你創業之初，你有什麼資源呢？」

權鑫得意的就是他從無到有，白手起家；但現在環境已經不一樣了，他的年齡也不若當初，一個初生之犢，什麼都不畏懼地向前衝！我的父親生前，在他五十歲時失業，他必須從一個企管顧問公司的業務新手做起，他從小一直教導我們的是眼看前方，專注你要的目標，別問腳下踩的是什麼樣的地和路。

「明確你的目標，專注於如何才能達到！」

「不可能」，是因為你放棄了努力和機會；「可能」，則是因為你使命必達，創造出可能的任務，逆轉勝，打一場精采的球賽，創造自己生命的奇蹟。

「你可以選擇前者，繼續擺爛，誰都無法為你做決定。」

然後，十年二十年之後繼續抱怨，繼續遺憾，繼續指責。當然，權鑫也可以選擇玉石俱焚，報復對方，讓自己冒著觸法的風險，最後很可能毀了自己，也毀了整個家庭。

錢是通往幸福的手段，而非目的

「你要什麼呢？」

「什麼是你真正要的呢？」

「你要像你的爸爸一樣，窮酸一輩子，只能靠名片、西裝和豪華轎車假裝自己的成功嗎？」

「你要真正的成功，還是——？」

權鑫臉部肌肉明顯地抽動，我這些話直擊他的要害。我必須冒點風險，當一個男人最核心的痛點被觸動到，他也許會狠狠地咬你一口；但我相信這個痛點，會找回權鑫當初努力奮發向上的動力。

權鑫閉起了眼睛，回顧他父親給他的生命經驗，他希望他真的有一個可引以為榮的父親；但權鑫最後還是揭穿父親虛偽的面具，他瞧不起他的父親，甚至於曾當眾羞辱他的父親，因為他什麼都是假的，只有在家裡穿著的破內褲是真的！他與父親的關係一直很微妙，他成功時，他希望他的爸爸經常出現，他的爸爸卻喜歡酸他，說他成功是靠風水和好運，當時權鑫不以為然；但他失敗時，卻責怪祖先的風水和自己的厄運，把所有穢氣全算在他爸爸頭上。

「我這樣的人生算是失敗嗎？」

權鑫認為他也是創造奇蹟的人，白手起家風光一時，還領過青年創業家楷模，但是朋友害了他。

「在人生的球場上，每一個人都想當王，所以，只有輸贏，沒有情義！」

我們離開了學生時期，就很難交到真正的朋友，現在就算在學校裡，都很難交到真正的朋友，同學間彼此就是競爭的對手，第一名只有一個，勝利者拿走榮耀和大部分的獎金，輸家什麼都沒有。是這個世界本就很現實嗎？還是我們選擇了讓功利取代了情義呢？

「你要什麼呢？」

要做一個有錢的老闆，一直是權鑫的夢想，成為一個有錢的老闆後，權鑫要的又是什麼呢？

「活在窮和卑微中，是很可悲的事！」

誰真正富有了？在這個時代，即使富可敵國，也買不了全世界。在台北許多有房子的都是千萬富翁，每一個店面的價值，動輒上億，他們富有嗎？大部分的人都有自己的房子和車子，只是地段、新舊和牌子不同；大部分餐廳，每個人都有能力消費，其實大部分人所擁有的都是平凡的，要富到擁有私人飛機和遊艇，好像也沒什麼必要。要不窮並不難，要真正富有，就不簡單。真正的富有不只是占有，還要從內在生出一種滿足和感恩。真正富有的也不在於占有的多，而是沒有欲求要再占有。對權鑫而言，他曾經占有過，他住過豪宅，開過名車，也坐過頭等艙，有錢人不過是這樣；他也當過老闆，一呼百應也不過如此；當老闆真的很好嗎？好像也沒什麼。

分清「想要」和「需要」

「權鑫，要當有錢的老闆，你真正要的是什麼呢？」

人的一生需要的花用並不是很多，可是為什麼再多的錢都覺得不夠用呢？有句話說：「只要我們的欲望不要超過自己的能力，這輩子就不需要怕窮。」是欲望讓一個人窮，還是能力不夠，讓一個人窮呢？如何找到一個適合自己的平衡點呢？權鑫怕窮，一個失意又不肯放棄之前豪奢生活的人，他當然會覺得窮了。我分享我的心得，如果一個人一直保持著簡單容易的生活，讓自己的生活保持在足夠基本維生的水準上，每餐花費百元以內，每天的花費在三百元以下，就像還在學校讀書，生活就可以很容易富有。

權鑫看我一眼，再看看我穿的衣服和手錶，幾乎和十幾年前一樣，都沒變過。

「讓自己的生活簡單，心靈就容易富有。對世界所求有限，我們就可以享受更多的自由。」

權鑫很難理解我要跟他講什麼。

「這是你人生的休息站，準備為另一個更美好的高峰出發吧！」

權鑫似乎了解我的心意，伸手向我致謝，我付錢時，他打趣地說，今天我花費超過三百元，我今天將會是個窮人！

「乘著你生命的光，勇敢地飛行吧！」

我看著權鑫離開的背影，默默地祝福他！

夢想加油

如果你只期待自己要一直打贏球賽，你一定會受挫。

如果你不在乎輸贏，只是全力以赴地參與比賽，你將會成為真正的贏家，沒有人可以真正打敗你。

生命的真諦一直都在；但我們有太多的欲望和需求，讓光無法照耀我們的生命，學習做一個輕安自在的人，我自己也不斷學習和練習，讓自己一直都是處在這樣的狀態。我相信有一天，我可以乘著生命的光自在飛行。

每一天，都是那麼美好。一切都有著恩典和禮物！

感恩所有，感恩一切！

在創作裡飛翔

這是一朵即將凋零的荷花，在生命繁華將謝時，仍然綻放著僅有的美麗，迎向晨光。我們的喜樂來自個人的態度和習慣，我們常看到自己所失去的，卻沒有珍惜現在還擁有的。把握現在，此際就是生命最美好和豐盛的一刻，所以，這朵花的旁邊，透過光影，另有一枝含苞待放的荷花。用最大的感恩和付出，我們會在另一處發現生機，創造生命的奇蹟，讓生命活得更精采！

〈乘著光飛行〉，30P，見p.15彩頁

06

破曉前的浪舞

等待生命的契機

一個人在痛苦時，她專注於她的苦痛，因為沒有人可以與她一起經歷和感受，所以會覺得周遭的人冷漠；現實也是如此，每天殯儀館都有人在進行告別式，誰會為此哀悼呢？

只贏不輸的人生，卻不知為何而活

「我會不會死掉呢？」

「我不甘心，我這麼年輕就要結束生命！」

我的好朋友傑美被醫生診斷出得了乳癌，亮麗和充滿活力的她，一下子就像洩了氣的皮球。傑美是個出色的企業負責人，成長過程一直都很順遂，名列前茅，讀第一志願的明星學校，在學校各項表現傑出優秀，出國取得學位，在大企業擔任要職，一個巧妙的機緣下，她創立了自己的事業，一切都是那麼順利。單身住在精華地段的豪宅，該有的成就，她都有了。

一個偶然的機會下，我們在扶輪社的演講會場上碰面，她手裡正好拿著我的書《這一生，你為何而活？》。她有點驚奇，怎麼會這麼巧，買了許久都沒有時間閱讀的一本書，隨手一拿，想在無聊的空檔可以讀，沒想到遇到了作者！她也不知該和我聊什麼，因為她隨手買了書，但只在書店翻一翻，還未認真看。她打趣地告訴我，她一生從未要求任何人簽過名，但這麼難得的機會，她好像不該錯過。我主動地把她的書接過來，順手就寫了幾個字，簽了名！

「任何事情的發生，都是上天最好的安排！」

「太棒了！」

離開之後傑美把書讀完了，也寫了一封她謙稱的心得報告。她告訴我，她像書中的郁慧，努力奮發向上，符合社會的期待，一路傑出又優秀，等到她擁有一切，她經常問自己，這一生，我為何而活呢？傑美當初就是被書名所吸引，買下這本書。

傑美的一生讓許多人稱羨，書讀得一級棒，又會做事。她一直都是個目標導向的人，當眼前目標達成，她馬上有下一個目標，她的努力和聰明，讓射出去的箭都精準地射中目標。她有想過要結婚，但能讓她完全信服的人是很稀有的，即使遇到，不是已婚，就是年紀太大了。婚姻對她沒有太大的吸引力，她是家中的獨生女，父親是位傑出的教授，媽媽是家庭主婦，她嚮往父親在學術上的專注和努力，並且一直都不認同她媽媽，認為她視界窄小，每天都過一樣的平凡生活，把所有心力放在服侍先生和孩子。她期待朝著遙遠的夢想乘風破浪，在大風大浪中與海搏鬥，她喜歡激烈的運動，愛看籃球和足球，有一陣子她也迷上網球，把自己的人生比喻成一場球賽，全力以赴地奮戰和纏鬥，只有堅持到最後的是贏家，這才是真正的生活！她之前很在乎結果，她認為現實社會中，其他人都只是冠軍的墊腳石，只有得到最後的優勝，人生才會有價值！可是一再的奮戰過程，和一再的得勝，她開始焦慮於自己的分心和失敗，她也曾經挫敗過，但聰明的她，馬上逆轉形勢，重回勝利的一方，可是贏了又怎樣？下一場球賽即將開打，新一年的業績目標又將出發。

「我不知道我這一生究竟要什麼？」

傑美最後的心得是，她有些茫然，她不得不坦誠地面對自己，她究竟為何而戰，為何而活？多年努力下來，她的後半生可以生活無虞，她在許多方面已經是業界的第一名，她不知自己還要些什麼。

了解自己的無知，才能知道更多

「不知道，是人生最重要的發現！」

放眼社會這群表面光鮮亮麗的成功人士，幾個人會覺察到自己的不知道呢？大部分人都刻意掩飾自己的無知，甚至終其一生，都在追求外在的占有，從未讓自己回到內在的世界，從未和真正的自己相遇；也有一些人，找尋不到答案，就把自己交給了宗教信仰，認為只要交給信仰的神，一切就都有了明確和簡單的答案，我們就可以仰賴神，而讓內心平靜。

把自己的一切交給神，的確會讓我們得到安詳和喜樂，但深層的內在依然存在著疑問。安詳和喜樂是表相，我們或許真的得到安詳和喜樂，但人生只是這樣嗎？信了神，把自己交付出去，我們的人生就不再有疑惑，真是如此嗎？當我們真實地面對自己，我們還是不知道為何而活。人不是為了神而存在，人也不是為了死後做準備和努力，人應該為著每一個片刻的生命，努力做自己真正的主人，知道我們內在的無知和不安。和真實的自己相遇，並做自己真正的知己！

生命不是教條，而是真實體驗

「我還是不明白，我為何而活！」

有滿長的一段時間，我和傑美就用email對話，她一直很希望我能給她明確和標準的答案，她如果執意要這樣的答案，只能藉由信仰宗教得到。

「在真實的內在世界，我們唯一能夠明確知道的，就是我們的無知！因為知道了自己的無知，我們才能了解生命是一段經歷，不需要任何目標。」

「活著，就是為了由生到死的經歷？這就是活著的目的？」

傑美對於我這樣的答案，有些失望，只能知道自己的無知，然後，用心去經歷和體驗，沒有使命，也沒有目標？人生的意義何在呢？發現自己的無知而已嗎？我很難做解釋，「無知」才是唯一的「知」，其他的「知」都只是假象。

「宗教的存在是很有必要的，大部分的人都無法在不明確和無知的世界生活，他們需要明確的目標和方向。」

我選擇接受真實的自己，選擇接受不明確和無知，因為這樣的選擇，我才能夠繼續地經歷和探索，讓生命有活下去的意義和價值。偶爾我也會把自己交給神，但我知道，神並不存在於真實的世界，而在我的心靈深處，我與神對話，事實上，是與深層的自己對話，並得到指引及慰藉。

「這太難懂了！」

如果我們企圖用認知去了解這一切，我們就會陷入困惑和一連串的為什麼。語言文字的理解和認知是有限、沒有必要的，若沒有親身的體驗和經歷，所有的描述都不會是真實的。經歷自己的不安，感受自己內在的波動和不定，我們才能了解真實和存在是什麼。

「這更難懂！」

傑美誤以為我在故弄玄虛，但其實我是很誠懇和真心地分享，玄妙和奧祕常被誤用，其實沒有祕密，一切都是如此的簡單，只要無所求地經歷和體驗生命的所有，生命會像一條河流，很自然地流經「祂」該去的地方。我用了神性的祂，因為沒有比生命更神聖的事物，老子用了「道」形容，事實上是無以形容「生命」的存在。

讓心完全沉靜，我們就有可能看著、聽著、感覺著祂的流動，沒有玄奧，沒有祕密。

「人究竟為何而活？」

我努力盡可能地描述，傑美還是執著她要的答案，我也不知該對她多說什麼。

「當這個問題出現時，把它交給妳相信的神。祂會給妳答案。」

一種道理，可以有多種領悟

我教傑美如何藉由祈禱的方式，讓心得到安撫和寧靜。我也是經由這樣的過程，才體會到自己存在的意義和價值。世間的宗教都很微妙，可以給不同的人不同的心靈慰藉，或許不是每個人都需要了解和知道太多真實，在睡夢中不曾醒來或許也是種幸福，真正的清醒和了解，是不是必要呢？我從不參與這類的辯論，因為每一個人對生命的期待都不相同，沒有理由去說服別人認同自己，我尊重每一個人的選擇，任何選擇都沒有對或錯，它就是個選擇。你選擇什麼，你就得到什麼。把自己的生命完全地奉獻給宗教或某種事業或志業，沒有什麼不好。每個人都在為自己的選擇負責，沒有遺憾，也不需要理由解釋，更沒有層次高低的問題！你期待什麼，你就選擇自己要的人生！

所以，既然每個人對生命的期待不一樣，生命的體驗，有時是很難分享和取得共鳴的。我並未像宗教家，要把自己的領悟散播出去，救贖生靈的苦痛，歷史的經驗讓我明確地知道，再大的努力，都沒辦法幫一個睡夢中的人醒來，世上已經有太多的宗教家，我自知每個生命的存在都是微小的，努力成為偉大的人是沒有價值和意義的。

許多人會質疑說，那你每天奔波演講又是為了什麼？人取之社會，必須對社會有所貢獻，我需要工作，讓我能夠生活。我選擇做一個表演工作者，每天都像演員一樣地四處演出，把歡樂和希望分享給每一個人。分享的過程中，我發現只有極少的人想知道真正的答案，大部分的人都依據自己的期待，認同自己選擇自己要的答案，人不容易相互深層地互動和溝通，唯有在同一個場域，彼此才會引起共鳴。我把自己定位為舞台表演工作者，我為台下的觀眾做兩或三個小時的表演，期待他們能得到愛和希望！

傑美和我之間如此長期對話下來，我努力分享我的所知，讓她得到真正的愛與希望，她卻只要她期待得到的答案。我清楚地知道，信仰宗教是她目前最容易得到答案的途徑。不久傑美在宗教信仰中找到了自己，她告訴我她很愉悅地享受所有的美好和祝福，我也很高興她能有所獲得。之後我們就很少再通信了，直到她知道自己得了乳癌，她在周遭的親友身上得不到她要的安撫，她便再度與我通信。

「把自己交給妳信仰的神，祂會給妳最好的帶領。」

醫生和周遭親友的話，都無法深入傑美的心靈深處，引發她的認同和共鳴。

「一切都有著上天最好的安排！」

用感恩的心去感謝所有，傑美罹患的是乳癌，是所有癌症中治癒率最高的，而且是在早期，一切都不至於難以挽回，還有足夠的時間讓我們面對和準備。一切都是上天最好的安排，我們的感恩會得到很好的回應！

「感謝神的恩典，在我們的生命旅途，給我們這樣的祝福，不論結果是什麼，我們都相信這是神最好的安排。」

用心體驗，就能從惶恐中走向安定

內心有所依靠，我們就不會害怕，人生只是個旅程，它有生，就會有死。因為對死的無知，所以我們惶恐和不安。生滅只是短暫的現象，它只是生命的一小部分，不值得、也不需要為此惶恐。但「知道」是沒有用的，生命最大的意義，就是讓我們學習經歷這一切從生到死的歷程，一切都會自然發生，如何用學習的心，去經歷病痛和別離，征服和失敗，占有和失去。任何事情的發生都沒有絕對的好或壞，一切都是生命的一部分，我們疼痛時吃止痛藥，疼痛並沒有消失，只是傳達疼痛感覺的神經暫時被阻斷或麻痺而已；我們需要止痛劑，就如我們把人生的苦痛交予信仰的神，祂給我們心靈的慰撫，讓我們好過一些。這是有必要的，因為有許多的意外和痛苦，剎那間發生時，大部分的人都會驚恐無措。此刻，傑美需要讓自己的心，從惶恐中安定下來！

「保持和神的對話，妳會聽見祂給妳的祝福。」

感恩神的存在，讓我們在惶恐中不致迷失方向，讓我們在病痛中得到緩解，讓我們此刻能堅強面對死亡的威脅。任何事情的發生都有著最好的安排，都是生命旅程的一部分，用學習的心面對病痛和死亡，當我們經歷它，我們就得到解脫和成長。理性的認知是沒有用的，任誰都一樣平凡，要在過程中經歷和學習。

「感謝妳的乳癌，讓妳在年輕時，有機會經歷死亡的恐懼和病痛。」

我們心懷感謝，在於能夠看見事件背後的恩典，傑美一生如此平順，事事如意，病痛不是她人生的選項，卻是她不得不經歷的，如果這是癌症末期，生命只剩有限時間，也沒有理由惶恐了。生命因經歷而豐富，我們總有一天要面對和經歷的事件到來了，就經歷和學習吧！我們沒有其他的選擇，而我們可以保持著對生命的樂觀和喜悅迎接一切。

感受心的流動，痛苦終將過去

「這是我得絕症，不是你或你的親人，所以，你可以這樣冷靜！」

我的話似乎無法傳達我真正的關心，但我真的很想幫助傑美，一個人在痛苦時，她專注於她的苦痛，因為沒有人可以與她一起經歷和感受，所以會覺得周遭的人冷漠；現實也是如此，每天殯儀館都有人在進行告別式，誰會為此哀悼呢？只有少數有切身關係的人會有感情的流動，附近的民眾和路人，誰會在乎呢？這世界每天都有無數的人出生，也有無數的人往生，我們在乎了嗎？我們不過是巨流中的一小滴水，我們的病痛，剛開始會引起眾人的關切，但每個人要關心的事太多了，難免對我們愈來愈疏離和淡薄，再過三個月或半年，傑美也會淡忘她此刻的擔心和害怕，時間會流逝，事件也會成為過去。

「用珍惜的心，學習此刻的不安與恐懼，因為它即將成為過去！」

傑美人在病痛中，寫信向我求助，我理應安撫她的心，減輕她的痛苦；但我知道她會向我求助，真正需要的不是安慰劑，而是療癒她內在不安的處方。之前我的分享，她無法體會，現在病痛在身，心靈反而會更加的寬廣，從恆大、從遠處看待生命。一個人的生老病死，是沒有什麼值得關切的，但從個人的角度，身體的任何一點不舒服，都會讓我們覺得天旋地轉，是驚天動地的大事，應該得到別人的關切和注意，而我們卻很少去了解，我們對於其他生命又關切了多少。我們愈發現自己的有限，我們對世界的期待就會愈少，我們以自我為中心去看待世界的習慣，就可以慢慢調整。期待別人的了解和愛是不可能的，每一個人都很難了解和愛自己，我們有什麼餘力去了解和愛另一個人呢？愈了解這件事，我們對世界就有更多的諒解和包容。

「學會了解和愛自己是很重要的！」

一個病痛中的人，如何讓自己好過些呢？質疑和抱怨都是無益的，學習面對事實，從事件中學習和提升自己的生命品質，讓事件成為生命的禮物和恩典，讓我們因此有能力面對更大、更艱辛的苦痛。經歷眼前的小小病痛和意外，看著人的思維如何操弄意志，我們就會更認識生命！

「時間和事件都會經過，半年或一年後，妳會如何看待今天的自己呢？」

傑美以之前做事業的拚勁，告訴我她要堅強地戰勝病魔，創造自己生命的奇蹟！

我卻很想告訴傑美，這是不需要的。妳不必再戰勝什麼，生病讓我們認識健康，讓我們的生命更加豐富。她是個目標導向的人，眼前如果有個明確的目標，她會好過些，我只能祝福她，讓她了解，她的態度，無形中會影響並教育周遭的人，要繼續保持著她樂觀的微笑，讓每個人都為她的堅強和樂觀喝采。

「傑美，加油！妳真的很棒！」

我知道黑暗即將消逝，太陽即將升起！

夢想加油

誰喜歡病痛和挫敗？

我們改變不了結果，但我們可以改變自己的想法和態度，讓我們的生命更加豐富精采，用接受和感恩的心祝福自己。這一切事情的發生都是有原因的，而且都會是上天最好的安排。

在創作裡飛翔

在一連幾天的大雨後，台北的天空灰黑陰沉，我一個人在圓通路的工作室，心中有著一種期待，陽光趕快出現吧！我期待著陽光所帶來的絢麗光彩，我把心中的期待畫出來，在破曉之前，天空充滿了光彩，光就要破雲而出，浪在岸石上跳躍歡呼，新的一天，新的生命就要展開！

〈破曉前的浪舞〉，30P，見p.18—19彩頁

07

遇見幸福
其實你已擁有一切

許多女性把先生當成大兒子，想要教導他改掉不良習性，要糾正他不好的行為，許多男人在成長過程中，對於媽媽的嘮叨和管教，已經夠受了，結婚後好不容易擺脫了媽媽的叨唸，卻又換成要面對太太的囉嗦和嘮叨。

衝突，往往來自互不相讓

「我要死給你看，讓你一輩子後悔！」

「妳去死！死了這個世界就安靜了！」

好朋友的姊姊和姊夫結婚三十幾年了，這三十幾年就這樣吵吵鬧鬧地走過來，最近因孩子教養問題，又起了很大的衝突。他們的孩子三十歲了，長期失業又有吸毒問題，夫妻就相互指責，認為是對方的錯才會造成孩子這樣。我這位朋友深感困擾，因為姊姊和姊夫吵架，她是唯一的調解人，幾十年下來她深感無力，都六十幾歲的人了，為什麼還不能學會彼此相處呢？她向我求助，我不忍拒絕，約了時間和這對夫妻聊聊。一見面，夫妻立刻不饒人地要在言語上壓制對方。

「你們都很生氣，對方怎麼會這麼不可理喻。明明就是不對，就是死不認錯，是嗎？」

這對夫妻坐下，仍氣憤難消，而我這些話正是他們吵架的主因。

我讓太太先講講自己的想法和期待。她告訴我，自己這一生委曲求全，她學歷比先生高，家世比先生好，但因為他的敦厚和上進而決定嫁給他，為了嫁他，還鬧了不小的家庭風波，為了愛，她不顧一切地決定要嫁。婚後為了幫助先生創業，她拚命工作，先生工廠小有成就時，他竟和職員搞外遇，她傷心至極，最後決定原諒先生的錯，之後還又再發生，她氣不過的是，明明就有的事，他卻死不承認！

「我真的沒有怎樣啊！」

先生也耐不住性子要做解釋，我希望他讓太太講完，先生也有些無奈，一個人走到屋外去抽菸。

「就像抽菸這件事，我也是苦勸了幾十年，沒用，就是沒用！」

她為了先生的工作，不僅賣掉娘家給的房子，還背負親友的一堆債務。這樣做牛做馬的付出，到底哪裡錯了呢？先生動不動就發脾氣摔東西，還罵髒話，最近還動手打她！

「我死掉算了！」

她說著就忍不住地嚎啕哭了起來。我看她先生在屋外，情緒也是極不穩定，一根接著一根地猛抽著香菸，相信這段婚姻也沒讓他好過。

「妳這麼努力付出，妳想要得到什麼結果呢？」

當然，太太希望先生要懂得體貼和感恩，不要動不動就發脾氣，凶惡地對待她！

「告訴我，先生要怎麼做，才是妳要的幸福？」

無疑的，她和每個太太一樣，都希望先生懂得她的心意，能珍惜她的愛，外遇是她最不可原諒的事，要知錯，要悔改啊！而不是一講他就發飆！像戒菸，說要戒已經戒了幾十年還在抽，他都在欺騙她！

情緒來時，避免相互打擾

「過去的已經無法改變，想想怎麼做，才會得到妳要的幸福呢？」

我協助解決過無數的婚姻問題，像這位太太，要得到她的幸福是很難的，她不知道先生很感恩她的付出，也願意努力付出她期待的愛，但她一直在打擾她先生的情緒，重創她要的幸福。「事」若要如願，沒有「情」，是絕對做不到的！大部分男人的特質，都專注在自己的問題，很少會把注意力放在對方的需求和感覺上，他有問題在心頭盤繞時，會想專注安靜地和自己對話。這時如果有人打擾到他，他會生氣和失控，如果他的另一半也失控，他不僅會失去互動的能力，還會以粗暴的方式表達自己最大的不舒服。

許多女性把先生當成大兒子，想要教導他改掉不良習性，要糾正他不好的行為，許多男人在成長過程中，對於媽媽的嘮叨和管教，已經夠受了，結婚後好不容易擺脫了媽媽的叨唸，卻又換成要面對太太的囉嗦和嘮叨，這會讓一個男人感到無比的厭煩和不舒服，當他不舒服，他就會失去理性。他也知道太太的付出和努力，但他沒有能力用理性的方式處理他的情緒。許多女性會在男人失控之後，又哭又鬧，在先生的原生家庭，童年時母親扮演的弱勢角色，讓孩子畏懼父親的粗暴；但對於媽媽負面情緒的宣洩方式，也感到無比的厭煩。

「如果妳不懂男人的需求和期待，妳永遠都得不到妳要的幸福！」

許多女性和這位太太一樣，想到的都是自己的犧牲和付出，卻沒有看見男人的努力。誰不想讓家庭經濟富裕，讓太太享受到幸福呢？男性的內在若有事煩擾，他是沒有能力關注到女性的情緒和需要的，這時女性要做的是不要打擾他，讓他安靜地和自己相處和對話。

跳脫自身感受，專注在想要的結果上

「男人有情緒，女人也有情緒！」

男人的不舒服，的確是不能理直氣壯地期待女性的諒解和包容；但女性又有什麼道理，當先生在不舒服時，故意去惹他，讓他更不舒服呢？人際互動的鏡子理論讓我們知道，你讓對方不舒服，對方也不會讓你好過！這樣誰得到好處？不是女性應該諒解和包容男性，而是學習讓對方好過，我們才可能讓自己好過。吵了三十幾年，這段婚姻得到什麼？相互折磨了三十幾年，還要再繼續二、三十年，直到老死嗎？

「三十幾年的婚姻，妳覺得失望和難過，妳的先生和孩子好過了嗎？」

「所以都是我的責任？都是我的錯？」

每次的婚姻協談都會遇到這樣的對話。沒有人是錯的，問題是夫妻有著共同的目標，努力建立一個幸福美滿的家庭，為什麼努力卻沒有得到我們要的，還陷入痛苦的深淵呢？先生的確不夠好，不該有外遇；但一個家充滿了負面情緒，男人無法在另一半那裡得到性的滿足，他就比較可能出軌，比較容易受到誘惑，這是無可避免的。

「男人這樣，女人也可以這樣嗎？你可以接受你太太外遇嗎？」

男性和女性如果是用這樣的模式在對話，我們只會讓幸福遠離，讓家充斥痛苦的經驗，這不是對或不對，而是家庭的每一個成員，都應該學習，如何讓這個家幸福和快樂。男人的外遇對女性是很痛苦的，我遇到過太太外遇，先生的痛苦絕對不亞於女性，外遇對夫妻彼此都是重大的傷害，我關注的是如何減少外遇發生的可能性，如何讓先生喜歡回家，如何讓先生在「性」方面有更高的自我管理和控制能力。先生外遇，太太也去搞外遇讓先生痛苦，如果是這樣，婚姻就失去繼續存在的必要，因為兩個人都不珍惜的婚姻，只會帶給彼此痛苦，而不會是幸福。

「我要離婚，是我先生不肯，這樣的婚姻我已經絕望了！」

婚姻協談真的很不容易，離婚如果可以讓兩個人幸福，一切都會是簡單和容易的；但我遇到過太多單親的家庭，絕少看到是幸福的。

「離婚如果可以讓妳幸福，我有信心說服妳的先生，達成離婚協議。可是，離婚真的是妳要的嗎？還是妳想用離婚懲罰妳的先生呢？」

人是情緒的動物，當別人讓我們不舒服和痛苦，我們也不會讓對方好過。離婚和爭監護權，往往都是為了不讓對方得到，而不是自己真的想要。我們可以選擇繼續折磨對方，讓對方難過，但我們得到了什麼呢？根據「鏡子理論」，你付出什麼給對方，對方就會還給你什麼；你用痛苦折磨對方，對方也絕對不會讓你好過。這個社會上多少離了婚，仍無法善罷甘休的人，最後彼此都得不到幸福，仍要繼續彼此傷害，兩敗俱傷，甚至玉石俱焚！

「這是妳要的結果嗎？」

「努力付出了三十幾年的生命，妳真正想要的是什麼？」

人際互動和溝通有時很困難，我努力引導這位太太走向她要的幸福，她卻重複地回到自己過去的辛苦歷程。她一聽到她三十幾年的付出，悲從中來，就再度哭泣。

「我命苦！我犯賤！當初聽父母的話，嫁給有錢人家當貴婦，我今天就不會這麼辛苦！」

我不知該多說什麼。我如果是她的先生，我一定會天天都抓狂，她一直活在遺憾和懊悔中，過去的已經不能改變，為什麼不努力我們可以掌握的呢？多少悲慘的人生，就是因為他們活在過去，「過去如果……」今天就一定會更好嗎？我相信她的先生也充滿著懊悔，當初何苦要拚命追求這段婚姻呢？

重複同樣的行為，不會帶來改變

「什麼是妳現在可以努力或得到的呢？」

在淚眼和懊悔的情緒中，她低著頭，連看也沒看我一眼，很失望地搖搖頭。已經六十幾歲了，過去努力奮鬥了三十幾年，都沒有得到自己要的，未來還有什麼可以期待的呢？我心中浮現一個很不好的念頭，人活得這麼辛苦，有什麼理由活下去呢？這世界上有太多在生死存亡邊緣掙扎求生的人，生命都充滿著動力，何以這位太太會這樣的消沉和絕望呢？

「妳努力過，卻沒有得到妳要的，只有一個原因：妳都沒有學習成長，妳堅持用同一種無效的方法，當然就會在同一個地方，重複跌倒。」

洪蘭教授的一句名言：「在哪裡跌倒，就換一個地方爬起來！」哀怨和悲憤是無益的，人生充滿著各種選擇，如果我們不喜歡我們的境遇，就選擇自己想要的去做努力，如果我們堅持要選擇折磨自己，讓別人痛苦，誰可以幫我們離苦得樂呢？

「妳可以選擇妳要的幸福，也可以堅持繼續痛苦！」

我沒有能力幫一個不肯給自己幸福快樂的人，一切都是她自己的抉擇，我必須尊重她的選擇。我可以預料離婚，她不會快樂！

「我想要死掉算了，但就擔心我那兩個不成材的孩子，我死了，他們怎麼活下去呢？」

她又飲泣起來。她的兩個孩子都三十幾歲了，長期沒有工作，我可以想像，在這樣的家庭，很難教出主動積極、有著明確目標，願意為自己努力付出的孩子。孩子只是父母的鏡子反射，什麼樣的父母，就會教養出什麼樣的孩子。

「我幫不上任何的忙。父母都放棄學習和改變，孩子是不容易改變的。」

她或許聽不懂我要傳達的意思，她只是用她習慣的思維來和別人互動和求助。

「讓他們自生自滅吧，我也無能為力幫他們！」

孩子會變成這樣，就是有對強勢主導的父母，一直給孩子最大的保護和照顧。孩子沒有工作，他們仍每天給他們兩百元的零用錢，讓他們去吃飯和花用；孩子無所事事，整天沉迷在網路遊戲，媽媽的嘮叨，就會激怒孩子，親子衝突不斷，夫妻也因孩子的問題，吵得不可開交。

「父母若期待孩子改變，父母一定要學習先改變自己！」

我看到書架上，有我這位朋友送她、我的兩套有聲教材，她抱怨說放在那邊幾個月了，叫孩子聽，他們都不聽。當然，父母也都沒聽。我嘆了一口氣。給一個人寶藏圖或釣竿都是枉然的，我們無法幫溺水、但不肯把手伸出來的人。

吵架仍須保持理性，勿踐踏伴侶尊嚴

我仍然不放棄希望地走出屋外，想和她先生聊聊，我們在聊的過程，她先生都在門外聽著。我邀他到附近的公園走走。

「唉，和這樣的女人生活很辛苦。」

他告訴我，其實剛剛我在和他太太對話時，他學到很多。要改變別人很難，但他可以改變自己；他相信他改變，會帶動他太太和孩子的改變。這番話給予我很大的鼓舞。一個人只有在他有自覺要改變時，才可能創造出改變的可能性。

「我太太剛剛講的都是實情，我珍惜這段婚姻，也因為她真的付出和努力過！」

但一個男人的尊嚴，常會被太太的一句話逼到死角，尤其他太太常口不擇言。他不是個吃軟飯的男人，他也是很努力在打拚，但人生的境遇有時難以預料掌控，在他低潮不順遂時，太太的冷嘲熱諷，讓他十分抓狂。他不否認年輕時情慾失控而有婚外情，但事實上，他太太也要負責任。她經常用性控制他，只要她不高興，就不讓他碰她，拒絕與他行房；有機會做時，他太太總催他快一點，結婚三十幾年，其實做愛次數屈指可數。他們已經快十年沒有性生活了，他寧可自己自慰，也不想因為性需求而被太太凌遲和羞辱。有時他受不了會到風化場所發洩，不過，從第一次外遇結束後，他並沒有再外遇！一個男人對著初次見面的人，如此坦然，我很感謝他的信任。

「每天，我在家都很痛苦。」

他盡量保持沉默，不回應太太的叨唸，但她常得寸進尺，只有在他發脾氣抓狂之後，她才會安靜下來，哭哭啼啼。他也不願意這樣，他會動手打她，也是在她犀利和刻薄的辱罵中造成的。我可以理解，像他太太這樣的對話模式，的確會讓男人失控。他很希望過去的事就讓它過去。這樣，夫妻能有一個全新的開始。

「你希望得到什麼樣的結果呢？」

誰不期待家庭充滿著幸福和溫暖呢？他願意學習改變，可是許多的努力都是白費的，像抽菸，他是真的下定決心要戒菸，可是情緒一再碰壁，抽菸是他暫時得到紓解的唯一方式。他再次保證，他一定會戒掉抽菸這個習慣。

了解伴侶的需求，才能正向溝通

我靜靜地聽著，突然有著一種悲憫，男人一定是家庭的闖禍者嗎？一個家暴的男人，一定都是凶惡沒有責任感的男人嗎？

「我可以幫什麼忙嗎？」

他告訴我，他最無法忍受的，就是太太翻舊帳。她常因一件小事，就以情緒化而偏激的語言，借題發揮，或哭或鬧，讓他失控，怎樣才可以讓自己保持冷靜，不要隨她的情緒起舞呢？

「愛就是用心感受，試著去了解，太太情緒背後，她要表達什麼？她真正要傳達的訊息是什麼？」

女性和男性的互動模式不同，但相同的是，如果別人讓我們覺得不舒服，我們也不會讓對方好過。女性的感覺和情緒非常敏感，她感覺不對，情緒不對了，就會在言詞中表現出來，有時她舊事重提，沒有別的含意，只是在表達內在的擔心和不舒服，如果能夠找到應對的方式，讓她安心和好過，她就會停止惡化。有時太太累了，她就會變得敏感暴躁；有時是孩子讓她煩惱和不舒服，她就會把情緒發洩在先生身上，最重要的，她只是在表達她的情緒而已。只要給她對的回應，她的情緒就會轉向。

「妳累了嗎？還是有什麼事讓妳擔心？」

女人都期待男人有讀心術，她的不舒服常掛在臉上，多觀察她的臉部表情，試著去懂她，給予對的回應。有時她會用負面的方式，強調另一半的不夠聰明和不夠體貼，承認自己不夠好，是給另一半和自己台階下的方法。事實上，沒有人是完美的，我們都在努力學習。

「和太太互動，專心注意她情緒的變化，保持著珍惜和感恩態度，會讓她好過。她好過了，就會讓我們好過。」

我本來以為自己幫不上什麼忙，但和先生談話之後，我覺得這對夫妻還是有希望走向幸福之路的，只要有人願意開始改變，一切就會有希望。

心懷感謝，而非對立

我們離開公園，走回家的路上，先生問我待會進家門，該怎樣有好的開始。

「謝謝太太這幾年來的努力和辛苦。」

鏡子理論：我們要什麼，我們就先付出什麼。

回到家，我這位朋友和她姊姊，正一把鼻涕，一把眼淚地在對談。她的先生一進家門便走過去，沒有多話地向他太太鞠躬。

「太太，謝謝妳為這個家的付出和辛苦。我真的很謝謝妳。」

他太太沒有領受他的善意，把他的感謝當成在演戲。她冷言冷語地對待他，他沒有任何反駁。

「我知道我不夠好，所以妳才要這麼辛苦，我只能向妳說聲抱歉，我謝謝妳的付出和努力。」

他太太沒有因此軟化敵意，但他依然保持著謙卑和感恩的心。我仔細地看著他太太的回應，愈來愈感到無所適從。從對立和抗爭中，一個人充滿著憤怒的力量；但面對感恩和謙卑，這種負面的敵對心態，就很難再延續，他太太不知該如何回應，保持著沉默，我故意看看錶，和我這位朋友離開了她姊姊家。

「他們會這樣就和好嗎？」

誰知道呢？人生是一連串的學習課程，我們的努力，也只能幫一點小小的忙。其他就要靠他們夫妻自己的努力了。

夢想加油

誰可以幫我們得到幸福呢？

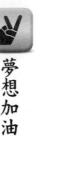

如同畫作，永遠選擇放低自己，我們就可以得到廣闊的幸福。

用珍惜感恩的心，謝謝陪伴我們走過人生一段路的人，我們付出什麼，我們就會得到什麼。我們期待別人怎麼待我們，我們就先怎麼對待別人，這是多麼簡單，卻

在創作裡飛翔

這是一幅特別的畫，寬廣的池塘，天光映照，在畫的下方三分之一畫了紫色的兩朵睡蓮，上方保留了大大的空間。我想表達的是幸福一直近在眼前，尤其是對待你的另一半，用珍惜的心感恩這份緣遇，我們就會有天寬地闊的幸福。

〈遇見幸福〉，30P，見p.15彩頁

08 寧靜 看見真正的自己

永銘在擁有這棟豪宅之前，充滿了期待，希望因為擁有而得到真正的滿足，希望因為遠離人群而感受到真正的寧靜，但他並沒有得到。

不想要「窮得只剩下錢」

永銘是我多年的朋友，他看了我的書，有一些他自己的想法和我分享，他還邀我去他新店山間的豪宅，占地幾百坪，在台北是很難得一見的美式住宅，前有幾十坪綠地，他為了不讓鄰居相鄰打擾到他，並避免前方視野被擋到，在建案尚未推出時，他就把前方及左右的建地全買下，他的家和其他住戶間有著明顯的差異，雖然只是一樓的平房，卻有著皇宮般的獨立和尊貴。他邀我入屋，很特別的是，屋內簡潔樸實，都是原木構成的鄉村風格，木頭材質雖粗獷，但一看就知道全是高級的原木，在落地窗前往外看，潔淨的大面積水景，映著重疊的遠山，我這才了解什麼叫做極簡豪奢，簡簡單單，但處處見主人的巧思！

「這樣的家和景，不是有錢就買得到！」

永銘哈哈大笑，許多朋友來，都會問這麼大的房子要多少錢，他都不知要如何回答。就像他泡的茶，是在南投特別費心才找到的四、五十年老茶，一樣無法用一斤多少錢來衡量，而是你想買也買不到，泡一次就少一點，永遠無法再變多，因此，他買了許多年份較新的茶，用時間讓它變珍貴。

「我何其榮幸，承蒙你如此的看重呢？」

永銘是個窮苦人家的孩子，父母為了栽培他們，不惜賣房賣地供他們讀書，永銘也沒讓父母失望，拿到碩士學位，又在幾年前把博士學位拿到了。父母在取名字時都有特別的期待，由於家裡窮，哥哥叫永錚，弟弟叫永鍵，都是希望他們很會賺錢，他的兄弟在不同領域和行業，也都有自己的一片天，在台北的精華區都有好幾棟房子。他們大學畢業後，每天忙於賺錢，如他們的名字「爭」和「建」都是「金」

字旁，都和錢有關！他的名字，不知爸爸是否有特別的期待，是要他因有錢而聞名呢，還是期待他有錢又有名？永銘是個名建築師，名當然是有，錢更不用說，因參與的建案他都已入股，房價這幾年翻了好幾倍，錢對他而言，是一堆一直在增加的數字；但他不想和他的兄弟一樣只是有錢而已，所以在他最可能賺錢時，他特別撥空把博士學位拿到。

他之前也和他的兄弟一樣，住在同一棟豪宅的不同樓層，他一直覺得有錢人住的和一般的公寓，沒有什麼太大差別，只不過外觀和建材比較特別而已。他十幾年前，就和一群富商有了共識，要蓋台北最特別的別墅豪宅，為了符合山坡地合法蓋房子，他們買下整座山，光整地養地，就花了十年，最後蓋了這一處獨立而與眾不同的美式豪宅。這樣的房子，只有在歐美的豪宅區才見得到，有大片的庭院，假山流水，永銘自己是建築師，挑了這裡景觀最好的一塊地。這塊地在懸崖邊上，當時是大家避之唯恐不及的，這些富商第一個想到的是土石流，永銘是行家，當然知道這些風險，可是他勘察過地質，發現屋子下方是堅硬的岩盤，只要把排水處理好，根本不會有土石流發生。他家一面是庭院，再來是水連山的美景，另一面落地窗外是寬廣的天，坐在客廳，就像被如真似幻的風景畫面包圍，空氣清新，又很安靜！

占有一切，不見得快樂

我想永銘邀我到他的豪宅不是要炫耀他的財富，一定是有一些特別的想法要與我分享，我啜飲著這五十年的老茶，一股特別的茶香竄上腦門，心也因這如沉香般的茶味而安靜下來，我等著永銘開口說話，其實我這個時候，並不想講話，永銘也是一樣，優雅地捧著他的茶杯輕輕地聞著淡淡的茶香。會喜歡這種茶的人，我相信他的心一定要處在很寧靜的狀況，他才能品味出茶中淡而深的味道。難得喝到這樣的好茶，我讓自己完全放輕鬆，專注地讓所有感覺停在口齒舌喉間，幽深的香從口腔擴展到整個大腦和全身，真是奇妙！

「好特別的經驗！」

我睜開眼睛，忍不住驚嘆。永銘整個人也像沉溺在茶湯中，幽幽地醒來！

「好茶吧！」

他告訴我，他很喜歡分享這樣的好滋味給朋友，但他們都品味不到。這樣稀有的茶，他很捨不得多喝，但賣他茶的老闆告訴他，茶的保存期限就是五十年，過了五十年就會脆裂成粉狀，意思是，今年不喝完它，明年就會變成茶末，再也泡不出這種神奇的滋味。永銘第一次喝還喝不出深層的感覺，直到有一天，他打完球，洗完澡，一個人靜靜地坐在這裡，看著雨後雲霧從山谷間湧起，他含了口茶，讓自己完全地沉靜，茶香就如同我剛剛的描述一般，從口腔沁入腦門，擴散到全身，讓自己像茶包一樣，茶香完全地浸透全身，一種完全解脫和寧靜的感覺！

「真的很棒！」

永銘告訴我，他擁有這棟房子之前，充滿了期待，希望因為擁有而得到真正的滿足，希望因為遠離人群而感受到真正的寧靜，但他並沒有得到。他才漸漸了解我書中所述的，「財富、名位和幸福無關，真正的幸福來自內在的寧靜，因寧靜的獨處，我們才能與真正的自己相遇！」他忘了是哪本書，但這幾句話，他最近才能體會。以前他愈想讓自己安靜，紛擾就愈多，唸佛打坐都沒有明顯的效果，他以為只要自己不斷地自我挑戰和完成，心就可以安居下來，可是他的心總想著更高和更大，直到他擁有這樣的房子，他停止追求了，幾百坪的地蓋著百坪的房子，用盡巧思引景入室，讓所有客人驚嘆，羨慕不已，但他並沒有得到真正的滿足和快樂。他一再地回想我書中的話，他終於懂了。幸福、快樂和寧靜與占有什麼無關，不過這些占有讓他完全明白，當他不再想要占有，他的心沉靜下來，他才發現生命的美好滋味，不只是這盅老茶，而是任何時候，任何的處境和遭遇，都有著美好的恩典和禮物！

「我這裡沒有請園丁，所有的庭院都是我一手打理。」

永銘不再熱衷於工作的成就，他退居到幕後，做一個閒董事和純股東，偶爾下山開開會，大部分的資訊都是用電腦傳輸，他每天花一個小時工作，花十幾個小時整理庭院，以前他會認為這種工作花一點小錢請人做，自己只要享受就好了。那時他戲稱他的豪宅是建來給傭人享受的，因為他偶爾才來，住一個晚上，又匆匆走人，大部分時間都是一對從事園藝的夫妻住在這，後來這對夫妻因孩子教養問題，不得已要下山，要重新請人很難，他就自己動手掃落葉，除草整地，每隔一段時間這對夫妻會來一趟，把花木重新整理一下。每天一早起來，永銘做完運動，就開始打掃，很難想像這一大片庭院，都是他一個人整理。

「把家當成寺院，把自己想像是出家人，每天都在修行。」

每天他做完工，洗個澡，就一個人很節省地泡一小壺老茶，靜坐在山景前，讓自己的心自然地流動和起伏。

「我到現在才真正體會自己的存在！」

內在空虛，惹來桃色糾紛

占有如此大的豪宅和擁有令人稱羨的財富，都還無法得到真正的滿足，以前永銘都沒有真正活過嗎？的確！他和幾個合夥人，每天都在各地繞，要獵到最有潛力的地，要蓋最有增值空間的房子，然後，再把房子賣了！接下來，繼續獵地，繼續蓋房子！世界上真正賺錢的商人，不是做買賣，而是做房地產的，永銘因此成為富豪。他靠著他建築師的專業，和一群熱愛財富的夥伴，就這樣，白手起家，創造了驚人的財富。他在全省各地都有房子出租，每個月都有可觀的租金，他不用煩心，這些都有房屋公司會打理，他只需要注意每個月錢有沒有入帳。

「如果我不需要工作，就可以生活無虞，我要做什麼呢？」

永銘的太太為了照顧孩子讀書，跟孩子住在美國，他一個人待在台灣。我看他書架上有我的《看見男人》這本書，永銘說，這本書讓他擺脫了外遇的夢魘。男人基本的性需求，因太太不在身邊，他們做建築的常會在酒店應酬，很自然的認識陪酒小姐，用錢，很容易就可以買到性的滿足。他也曾沉迷過，年輕貌美的小姐一夜只要數萬元，他也找過和他女兒年紀相仿的「幼齒ㄟ」。男人被性慾沖昏頭，也不會想太多，他怕得到性病，為了安全，他租了一間高級套房，固定每個月花多一點錢，養一個供他發洩性慾的「小三」，永銘沒讓對方知道他太多的底細，他知道這樣的女人，沒多久他就會失去興趣，幾個月就換一個新的。他也不怕太太知道，他很清楚這些女人都只是他發洩性慾的工具，就像情趣娃娃。年輕的他從未有什麼罪惡感，直到有一天，他供養的「小三」懷孕了，他毫不猶豫地拿錢出來，要把孩子拿掉，然而和他同居的小姐，卻怎樣都不肯，他才警覺到事情大條了，孩子如果生下來，他是孩子的爸！他怎麼可能和這樣的女人共同生活或糾纏不清呢？

「惹了那次的麻煩，才了解到性不只是性，它攸關著一個小生命！」

永銘沒告訴我最後怎麼處理懷孕事件，他雖然很小心，不讓自己真正的身分暴露，但夜路走多了，總會遇到鬼，他最後遇上了麻煩，被黑道擺道，永銘做建築的，難免都要和黑道保持著某種互動關係，但這種事向來都是他的職員在處理，他不會接觸到，他被設計時，也以為找人交涉就可以擺平，誰知道差一點出人命！這時他才警覺到，不該讓自己經常陷在性的危機和困境裡，也因此他才開始意識到不能讓「性」操控他，他買我的第一本書就是《看見男人》，他覺得我的書很誠懇，很坦誠，就這樣買了全套的書。

「盧老師，因您的書，我才有機會學習自我探索，也才知道自己要什麼。」

回歸平淡，反而活出真我

永銘述說他常一個人在整理庭院，新搬來的鄰居不認識他，看他整理庭院很認真，以為他是園丁，請他每週能幫忙他們整理庭院，一次兩千元，他得意地告訴我，他做了好幾個月，賺了幾萬元的辛苦錢，最後管理員告訴他的鄰居，他是這裡的「大戶」，讓鄰居很不好意思再請他幫忙，讓他不能再賺外快。

「很值得的人生經驗！」

永銘因長期處於社會的上層，他一直沒有機會去了解為了生計要出賣勞力、體力的人，他們所受的委屈和辛酸，他也才深刻地反省，自己對工地裡那些工人嚴苛的態度是很傷人的。他幫鄰居整理庭院，鄰居夫妻平日都住市區，假日才會來，他要在他們來之前，把地掃好，庭院整理好，山區難免落葉多，這對夫妻竟然把他像傭人一樣的使喚，要他重做一次，否則要扣他的工錢。當時他實在有股衝動，要丟掃把走人，讓他們難堪；但想到為他工作的園丁夫婦，是如此地謙卑和忍讓，他低聲下氣地求情，沒想到鄰居太太還罵他下賤，要人家罵才會做！永銘很高興地告訴我，他這才了解什麼是遊戲人間，一個人在得意時，真的要保持謙卑，有禮地待人，這對自認有錢的夫妻知道他的身分後，他特地請他們來家裡喝茶，讓他們見識真正的豪宅，也希望他們學到教訓，有錢不需要這麼驕傲。

有錢也買不到的幸福

「我每天都打開門，請清晨打掃馬路的工人來家裡喝茶。」

來自社會底層，如今富有了，又怎樣呢？一個富有的人，無法贏得別人真正由衷的尊敬，那又有何用呢？這個社會太多「窮得只剩下錢的人」。永銘每天都很恭敬地請打掃完的工人來家裡喝茶，剛開始，他們怎樣都不肯，後來熟了，大家就成為好朋友。永銘說著哈哈大笑，每天來打掃的人，有一個是這附近建案董事長的爸爸，住在這附近，把打掃馬路當成運動，大家都彼此熟悉了，這位七十幾歲的老先生才講出他也是大財主！

「有錢人有什麼呢？」

永銘因讀了我的書，他很清楚地給了自己定位：房子是借住的，錢是暫放在我們戶頭的。看看台灣的傳奇人物王永慶先生，嚥下了最後一口氣，帶走什麼呢？留下什麼給子女了呢？

「這是人世間的悲劇啊！為了錢，手足反目成仇，如果沒有錢，可能他們的心靈會更富有！」

永銘講出他內心的感觸。一個人要看透，生命旅程中，我們只可能短暫地占有，我們連自己的身體都無法長期擁有，更何況其他呢？永銘很滿意自己現在的生活，他把自己定位成這房子的園丁，為下一位主人把花木照顧好；他把自己未來的人生當成修行，他有很大的福報可以生活無虞，他要讓下半生，過自己真正想過的生活，每天辛勤地勞作，用心體會生命的意義和價值，最重要的是做自己的知己！

我們聊著，雨不知不覺地飄了下來，人生難得有真正的朋友，難得有人可以讓我們深入內在的對談。我們不再講話，啜飲著已經涼了的老茶，又是一種很不一樣的滋味，如眼前的雲霧，讓我的心輕飄而起，隨著山無感的漫遊。生命何嘗不是像這些雲霧呢？我們只是這個世界偶然的過客，有什麼好計較或過不去的呢？我和永銘偶然相遇相知，當這茶杯放下，我們就會如雲霧般地各自散去，不必預知未來，也沒有任何期待，讓這片刻的心和茶水相融，讓這有形的生命，與眼前的自然合一！

夢想加油

大家一定很羨慕永銘！

我們一定要占有一切，才知道所有的占有都與幸福和快樂無關嗎？這篇文章想和大家分享的重點是，你已經是永銘了，你已經是全世界最富有的人，你早已擁有了全世界最好的房子和美景，當你的心是寧靜的，即使是白開水都會有深層的滋味。別羨慕任何一個人，他們的內在未必有真正的幸福和快樂，珍惜你的所有，感受得到你的存在，你就能擁有。

當你的心如這張畫作，讓外在的一切如水般靜靜流過，讓心清澈見底，你會發現，一切都是如此的美好。

你一直在你夢想的路上，加油！

在創作裡飛翔

這是一幅簡單的畫，上方有半圓的天，黑沉的山，掛著一襲白練般的瀑布，下方是清澈的水潭，天空潔淨無雲，山有些許綠意，水透明清澈，有一點點波湧。我想表達當我們獨處時，內在的寧靜；但又非真的無聲無息。寧靜的心，仍有細細的心緒流入，會有緩緩水波輕盪，看看我們的內在，了解到它不容易真正地平靜止息，我們就會與真正的自己相遇！

〈寧靜〉，30P，見p.22彩頁

09 單獨

練習獨處，勇敢與自我對話

人際互動關係，大部分都如浮光掠影，非常的表面，聊天常常沒有什麼目的，就是和別人建立一個互動關係而已。其實和家人的互動也是如此，大部分的家人都未彼此了解，在一起聊的都只是生活瑣事，而非深層的想法和感受。

朋友的定義，可以很寬廣

「我都沒有朋友。」

有一次我在上課，談的是交友的問題，我要同學在問卷上寫出最好的三位朋友。原先，我的設計是要學生把最好的朋友寫出來，再寫出他們的興趣和嗜好，最喜歡和最不喜歡的事，縉德問卷空白著，他告訴我他沒有朋友，一位都沒有。

「連一個下課可以聊天或打球的人都沒有嗎？」

「玩伴和朋友不一樣。」

我想他可能把朋友的定義，定得太窄了。我再做解釋，朋友不一定要懂得自己所有的想法，或者是完全認同接受我們的想法，朋友可以是每天找我們麻煩或挑我們毛病的人，只要我們經常在一起，有一些共同的生命經驗，就可以是朋友！我上這一堂課，主要的用意，也是希望他們能把朋友界定清楚，不要為了維護彼此的互動關係，而做出自己不願意或觸法的事。

課後，我請縉德留下來，請他喝紅茶和吃蛋糕，他卻拒絕了我。我對這一點也不意外，我輔導的這些孩子，很習慣拒絕別人的幫助或好意。

「縉德，你忘了我們是朋友！幫個忙，老師吃不完，做件好事吧！」

他也不知道該怎麼拒絕，就陪我邊吃蛋糕，邊聊天。

「這蛋糕味道不好，很難吃！」

「不會啊，滿好吃的！」

我再拿了一塊給縉德，好吃是他自己說的，他要拒絕就很難。和這群孩子相處久了，自然知道要如何與他們對話，我如果說蛋糕好吃，縉德說好吃的機率就不高。平常我對他有許多規範上的要求，他一定有些不舒服，很自然地有機會反對我，他就會毫無思索地用相反意思回應；如果我跟他關係很好，他為了維持和我的良好互動，我說什麼他都會應和。這也是測試我們與孩子之間，愛與成功的存款到什麼程度的方式。顯然縉德對我仍有著對立的情緒，蛋糕和紅茶會有加分的作用。

「吃完可不可以幫我一個忙？」

當然，蛋糕是不會白請的。

「我上當了！老師我還有事唷！」

事實上，我的桌腳壞了，故意等縉德來幫我修。他抬高桌子，讓我裝上掉落的螺絲，我試裝了幾次都未成功。

「縉德，你手比較巧，願意幫老師裝看看嗎？」

他很樂意，而且很快地把它裝好了。當然，我立刻大大地讚賞他。從這次成功的經驗，縉德與我的互動關係，就有了明顯的改善，我經常和他聊關於朋友的主題。

自己，是唯一能終身相伴的對象

「我真的沒有朋友。」

他因為經常蹺課輟學，和班上同學都不是很熟，這是可以理解的，平常他都會在公園或球場打轉，他不抽菸，所以他很難和抽菸的那一群在一起。我問過縉德，他們一家人包括媽媽都會抽菸，連他弟弟都會抽，他之所以不喜歡抽菸，據說是在他很小的時候，好奇拿叔叔的菸抽，叔叔整他，拿五、六支菸塞在他嘴裡，他抽到全身抽筋昏倒，聽說醒來像喝酒醉，把家人給嚇死了，從此他再也沒碰過香菸，對香菸一點也不好奇。但他並不排斥別人抽菸，他在家都是在吸二手菸。

「朋友是經營來的，沒有人會有朋友自動找上門。」

多關心我們喜歡的人，知道他喜歡什麼，或需要別人幫哪些忙，朋友是這樣一點一滴累積來的。縉德比較內向，很少主動開口跟同學講話，同學找他，他也不知如何應對，當然會覺得疏離。我教他有時給別人服務的機會，或是主動服務別人，都可以增加與別人互動的經驗，互動成功經驗多了，我們就會自動找話題和別人閒聊，讓別人了解我們，我們也有機會來了解別人。

「這樣更無聊，都在扯一些有的沒有的，真的很無聊。」

緡德的父母常有朋友來家裡，泡茶喝酒，緡德覺得他們一整晚都講一些有的沒有的，這些話有講和沒講，都是一樣的。

「這就是現實的人際互動，大部分時機中，我們都是為了聊天而聊天，不需要什麼主題。」

人際互動關係，大部分都如浮光掠影，非常的表面，聊天常常沒有什麼目的，就是和別人建立一個互動關係而已。其實和家人的互動也是如此，大部分的家人都未彼此了解，在一起聊的都只是生活瑣事，而非深層的想法和感受，人很習慣把自己隱藏起來，尤其是政治、宗教和私人的議題，大家都會避而不談，因為想法若起衝突，常會惹人討厭，但宗教或政治立場相同的人，就會很熱衷和激動地抒發自己的想法。

「不管怎樣熱絡，人終究還是孤單的嗎？」

緡德能問出這樣的問題，顯然他已經有所體會。的確，人與人之間彼此的了解是很有限的，人的互動與動物不同，動物的行為比較容易預料，但人因有情緒和思想，常常受過去的經驗和突來的感受影響，而有出人意料的舉動。緡德常觀察他的父母，發現他們彼此並不了解，每天的話題都與生活有關，對彼此的了解卻是有限的，而他們和子女之間的了解也是一樣有限。

「這是事實，大部分的人都會覺得自己孤單。」

尤其是那種喜歡熱鬧，好交朋友的人，當宴會散去，每個人都回自己的家，關進自己的房間，最後還是一個人。如果我們不懂得了解自己，與自己和好，在獨處時，我們就會非常難過。找朋友、與朋友歡聚，都是短暫和表面的歡樂，唯有學習與自己相處，做自己的朋友，我們才不會覺得孤單。

與自己對話，內在將有意想不到的回應

「怎樣才可以做自己的朋友呢？」

縉德愈來愈能把我的話聽懂。做自己的朋友，就先要了解我們的各種情緒背後，內在的聲音，譬如我們生氣，我們要知道我們的氣從何而來，我們在乎的是什麼？我們期待得到的結果又是什麼？很多人生氣，都不知道他未必在生別人的氣，有時是在生自己的氣，為什麼要在乎別人說些什麼或做些什麼？別人有那麼重要嗎？為什麼不看重自己的感覺，一定要拿別人的錯誤或不夠好來懲罰自己，讓自己生氣、不

舒服呢？當我們擔心害怕時，也要試著聽見內在真正的聲音，我們在害怕什麼、我們究竟擔心什麼結果的發生呢？如果真的發生，我們會怎樣呢？負面想法是潛意識很良善的提醒，謝謝深層內在的善意，和自己維持良性的對話，若一再浮起負面想法，我們就重複地感謝，讓潛意識停止運作，保持內在的寧靜！

「我還是不太懂。」

這很難懂。但是，試著在自己有負面情緒時，多練習幾次，你就會發現和自己和好相處並不困難。這樣的經驗也很難分享，因此經歷過、了解的人不用分享，沒有經歷過、不了解的人，就算分享也很難體會。

當我們能和自己有良性的對話，而不是讓自己在煩惱和氣憤的情緒中糾纏不清，我們就可以做自己情緒的主人，不受他人的打擾，也不受過去經驗的困擾，我們就比較容易知道自己的存在。我們呼吸和思考，我們感覺自己不斷而且非自主地在浮動，我們能夠和自己獨處，喜歡什麼事都不做時的自己，而不是要打開電視或低頭玩手機、玩網路遊戲。有些人無法和自己單獨相處，所以會不斷地找外在的樂趣，好遠離內在的自己，當我們學會和自己對話和相處，我們就不會無聊。

「像峇里島的發呆亭，什麼事都不做，就是讓人坐在那裡發呆？」

不是發呆，而是和自己歡喜地相遇，和自己聊天。我們看許多佛像盤腿端坐，也有些佛像很自然地坐臥，注意看祂們的臉，非常的柔和自然，處在完全放鬆的狀態，外在的自己不僅和內在自己相遇，而且融為一體，不再有任何的對話，一個人能夠完全地放鬆，內在沒有任何思緒，我們的臉就會像佛和菩薩一樣祥和！所以，佛像是給我們一個學習的榜樣，就是要這樣的放鬆，什麼事都不需要做，不僅會和自己相遇，我們也會和佛相遇！

「修行唸佛和打坐是為什麼？」

人的心緒浮動不安，固定唸佛號，讓自己的心能夠平息、不再浮動，打坐的刻板印象，就是要盤腿閉目端坐，因為這樣心比較容易安靜下來。不過，如果用其他的姿勢也可以讓我們放鬆，感到舒服，其實也是可以試試的！

「放空自己嗎？」

「放」是個動詞，還要做！其實是什麼都不用做，讓自己自然的「空」！

「不需要做任何的動作或唸咒語？」

什麼都不需要，坐著讓自己很自然地安息。

「像死人一樣安息？」

我沒有死過的經驗，我無法告訴縉德，這些日子的對話，縉德已經能和我深層的分享，可是他最大的困擾是平常沒有人可以和他一起討論分享。

「學習和自己對話，問自己問題，然後保持靜默，等待內在的回應。這是很有趣的遊戲。」

例如，問自己：「你現在快樂嗎？」

保持頭腦的空，等待內在聲音的浮現，有時會有回應，有時沒有，但在等待的那片刻，你會感受到真正的寧靜！縉德真的閉起眼睛，此時他的臉真的如菩薩般的慈祥。這是奇妙的境遇，以縉德小小的年紀，相信這樣的經驗，將讓他終生受用。一個可以和自己歡喜相處的人，人生就不會有痛苦和難題了！

縉德再度睜開眼睛，不發一語地對我微笑。

此刻任何言語都是多餘的，當他嘗過生命中寧靜與清醒的一刻，還有什麼可以迷惑他的呢？這是人生難得的經驗，我只能祝福他，永遠都不要忘記曾經有過的這一刻，這是我想送給他最棒的一份禮物。那天縉德不發一語地向我行禮離開，我目送他遠去。幾千個孩子在我手中經過，他應該是最幸運的一位。

常常問自己：「我快樂嗎？

在那次對談之後，縉德保護管束期滿結案，幾年之後，我再見到他，已經在工作了。

「一切都好嗎？」

他對我的關心不知該如何回答，這只是一句應酬話，而他卻想很認真地回答。

「有好也有不好。好的是還活著，不好的也是還活著！」

他口才變好了，而且還很幽默，我問他活著有什麼好或不好呢？

「活著要吃，要用，要工作；好是有得吃，有得用，還有工作！」

我拍拍他的肩膀，覺得縉德已非幾年前我認識的他，他告訴我當年和我的一番對話，對他有很大的影響，他不再緊張自己的未來會得到什麼，或會失去什麼，他比較在乎的是現在他快樂嗎？只要他滿意自己，其他的就不重要了！他每個月辛勤地工作，月收入有兩萬元，夠他自己生活，還可以給父母一些，對未來沒有什麼期待，就是生活嘛。特別的是他喜歡一個人靜靜地坐著，冬天讓寒氣包裹著，冷讓他覺得清醒和舒服，夏天他喜歡讓汗水流淌著，用條溼毛巾，讓自己保持清爽，有什麼就吃什麼，有時候工作要睡工地，他也很安心地睡，日子就這樣一天接著一天地過，沒什麼好或不好！縉德講話時平穩有序，沒有年輕人的急躁。

「有好朋友嗎？」

跟自己在一起最好，永遠都不怕會失去朋友，會孤單難過。他喜歡一個人散步，喃喃自語，他也不排斥朋友的聚會。

「應酬嘛，看別人高興，我也就高興了。沒什麼好計較的，一切都會過去的，不就是這樣嗎？」

縉德變得有點不像年輕人，他似乎跨越了青年，直接進入中、老年。

「老師，別太在意！這些都不重要，自己高興就好！」

離開我這幾年，他一直練習如何與自己相處，剛開始他覺得人好複雜，現在他反而覺得人很單純，滿腦子想的都是過去或未來，卻很少問自己現在如何呢？他習慣性地會問自己：「縉德，你現在快樂嗎？」

然後，他靜靜地等著那奇妙的答案升起。他常聽到：「縉德你很棒，你很快樂！」如果什麼聲音都沒有，他就享受那片刻的寧靜。

「你期待自己有什麼樣的未來呢？」

有目標會讓自己充滿著動力，沒有目標，也一樣可以享受眼前的一切。縉德講話有點像老頭子，期待會讓自己失去對當下的注意力，專注現在的感覺和想法，是種特別的享受，一個二十幾歲的年輕人，不疾不徐地講述他內心的想法，他很高興有機會再見到我，這幾年來他周遭都沒有任何一個可以聊內在想法和感受的人，他剛開始覺得孤單，後來他明白，這個世界一直都在沉睡，沒有幾個人願意用心地探索自己，他也是因為和我有過這一段對話，才打開他探索的大門。

「一旦覺知到自己真正的存在，就可以很清楚地分辨什麼是真，什麼是非真！」

縉德分享著他的心路歷程。起初他無法接受這個充滿虛偽和謊言的世界，但後來，他了解到，大部分的人都不知道自己的言行，不知自己在做什麼或說什麼，所以，也沒什麼好計較的，當大部分的人都一樣時，誰是真、誰是不真，已無法分辨和解釋了。

強求表面的互動，不如與自己和好相處

「縉德，你很像一個哲學家！」

他看我一眼，告訴我一個人不需要像什麼，我們只是一個單獨來去的個體，我們是這個世界的主人，也是一個過客。世界與我們息息相關，也可以說沒有什麼太大的關係，什麼是哲學家呢？誰能定義和了解呢？如果無法定義和了解，像與不像又有什麼關係呢？

我無法再與縉德多談，在某些方面他體悟得比我更深，縉德像一個隱居在塵世的高僧，選擇做一個漂流於這個社會的舟子，放任自己遊走其間。縉德讓我想起蘇軾的詞〈念奴嬌〉的其中一句「人生如夢，一尊還酹江月」，蘇軾在經歷人生種種波濤起伏才體悟的心得，縉德只因與我的對話，就了解這一切，我看著縉德，一個三十歲不到的年輕人，能體驗心中的寧靜，經常與自己獨處，在現實裡他沒有出色和傑出的表現；在生命的旅程裡，他卻算是難得和稀有的。

我們不再有任何言語互動，靜靜地感受這難得的機緣，我知道此刻稍縱即逝，人生難得再有機會緣遇，下次再有機會與縉德相見，我們都不是現在的彼此了，在嘈雜的咖啡飲食店裡，窗外，夏天午後的陽光，竟是如此的柔和，我不再找任何話題閒談，我相信縉德也不願讓無謂的言語，打擾我們此刻內在的空無。時間在輕緩地滑動，偶起的思緒，如輕落平湖的葉子，如果心有如天籟，那葉與湖面接觸的剎那，我們都可以彼此感受。我們一直坐到天色黯淡下來，這長達兩三個小時，彼此沒有對話，沒有做任何事，我們只是靜靜地坐著，偶爾四目相視，兩個單獨的生命是何其難得，在同一個場域和頻道上交會。縉德站了起來，結了帳，我們四眼對望，眼淚竟然滑了下來！

「後會有期了！」

在天寬地闊的世界，相見已經不易了，彼此相知更難。這樣的經歷是每天朝夕相處的家人或情人，都難以體會的。寫下這樣的故事，希望讀者有一天也能了解和體會，我們一直都是個單獨的生命，我們很難與其他生命有真正的互動，除非我們都曾經歷過寧靜，與真正的自己相遇！

夢想加油

人的生命究竟要往哪裡去呢？
人的努力究竟是為了得到什麼呢？

我們每天都在極淺的生活水域中遊走，我們不曾離開，走入生命的深處，就只為了應付生活的所需，除此之外，我們用盡各種努力，避免讓自己無聊，看電視、上網、看書、逛街、運動……，讓自己忙碌，我們不習慣與自己獨處，讓自己在極度無聊當中，看見和聽見自己內在沒有任何片刻的寧靜，過去的經驗，未來的思緒，不停地、不停地在打擾我們的寧靜。

靜靜坐著，感受風和溫度的流動，如同你在泡湯一般，感受水溫和波動，感受自己無法停息的思緒。從一直想著要做些什麼、或想些什麼，等待這些紛雜思緒的間隙，去感受內在的寧靜，與真正的自己相遇！

如果這是難以體會的，可以學習和繙德一樣，問自己一個問題，例如：

「XX，你快樂嗎？」

有答案，就讓答案靜靜滑進來，如果等待時沒有任何答案，就享受沒有聲息的片刻，你已和無塵無染的自己相遇，試著練習，你會知道真正的寧靜和喜悅，你也會知道生命真正的出路在哪裡！

衷心祝福這麼棒的你！

讓天賦飛翔

這幅畫和其他畫作一樣，都是我獨自一個人靜靜地在工作室中完成的。我享受著自己獨處的喜悅，我知道我可以有另一半、親人和朋友為伴，但最終我只能和自己獨處，如同在深山峻谷中的百合，無懼地伸展它的花朵，迎向深谷外的陽光。知道生命是各自獨立的個體，我們就不會因為沒有人了解或分享，而感到寂寞和難過。學習和自己單獨相處，我們才可能細細品味生命的滋味。

〈單獨〉，30P，見p.32彩頁

10

偉大的夢想

過程比結果更重要

同樣的人生，有什麼理由選擇做一個被欺負，受壓榨的人呢？一個上班族為了一份只足以溫飽的薪水，就要辛勤地工作和付出；為了要有一間屬於自己的房子，要省吃儉用二、三十年；如果結婚，有了孩子，又要為了子女的教育更加辛勤工作，最後美好的青春歲月，就這樣耗盡了！

動機，是達成夢想的關鍵

我在法院工作時，每一個孩子到我身邊，我都會問他們：

「你有什麼願望或夢想？」

「如果你現在許願，夢想都能夠成真，你要什麼呢？」

大部分的孩子都一臉茫然，他們不知道自己要什麼、或可以要什麼，有一個很獨特的孩子冠宇，可能受到電影情節的影響，他一臉詭譎的笑容。

「我要做一個救世主！」

我們的卡通影片或科幻片主角都要解救世界的災難，做個超級英雄，這或許是人類深層潛意識的希望吧！每一個人都想要有超能力，能夠呼風喚雨，一個指令或一聲喝斥，立即風雲變色，惡魔立即伏法！在任何國家或任何場域，公平和正義都無法如每一個人所期待的獲得伸張，所以電影和卡通就有各式各樣的超人出現，在現實中，人類無法預知或控制的，就會把它託付給各種的神，希望藉由神的力量，讓自己夢想成真，或者是離禍得福，人人都有一個不平凡的願望：我要與眾不同！我要一鳴驚人！贏得全世界的掌聲和尊敬！

「冠宇，你要做救世主，你真正要的是什麼呢？」

夢想是什麼並沒有那麼重要，重要的是背後的動機，他為什麼要這樣的夢想？這也是達成夢想的重要驅力，許多人都是盲目地要，但不知道為什麼要。冠宇要做一個救世主，那麼，他真正想要的是什麼？

「做一個真正的巨星，站在世界的頂峰，掌控全世界，讓每一個人的公平和正義都得以保障！」

我忍不住哈哈大笑，我跟冠宇說，有部電影就是在描述一個想當救世主的人，上帝實現他的願望，讓他可以藉由意志掌控一切，每一個人都可以寫信向他許願，剛開始他覺得很驕傲，立刻實現每一個人的願望，可是許願的人愈來愈多，他就發現原本很有秩序的世界，因他的介入，而弄得一團糟，怨聲四起，最後他希望恢復做一個平凡的人。公平和正義是相對的，對某一群人是公平和正義，相對的一方，可能就是迫害。

「救世主很難為哦！」

一個國家的領導人，通常是挨罵最多的；一個公司老闆，未必是受歡迎和擁戴的人物，職員聚會或私底下的聊天，罵最多的通常是老闆或主管。一個人愈是居高位，就要忍受愈多的批判和非議，就要有更高的道德標準和更多的行為要求，甚至走到哪裡都受到監視，沒有一點個人的隱私和自由；為別人的任何付出都被視為理所當然和應該的，沒有人會覺得需要感恩和致謝！看看我們的父母、老闆或總統，每天辛苦地付出，誰感謝過他們呢？

「冠宇要做全世界所有人的老闆或統治者嗎？」

冠宇真正想要的是做一個獨裁者，讓全世界人都只相信他那顆腦袋，其他人只是他的僕役，供他差遣和使喚，這些人必須唯命是從，只要有一點小恩惠，就會真心地跪拜感謝。

「世界上真的有這樣的救世主，像北韓的領導人就是！」

在民主國家，天皇、女王或國王，權力都是非常有限，只有獨裁極權的國家，才有可能全民擁戴，唯命是從，台灣在戒嚴之前，不就是這樣嗎？把唯一的領導人神化，全民擁戴，沒有任何人有異議，只要敢反對，就藉由警察和司法制度把人關起來，到處立銅像、掛肖像，學生聽到領袖的姓名，就要馬上立正，表示敬意！時過境遷，過去的領袖和總統，最後成為人人喊打的對象，銅像被棄置，或被放在馬路邊當成裝飾品。

「這是你要的嗎？」

冠宇露出尷尬的笑容，誰願意一世英名，遺臭萬年呢？英雄都是歷史造神的結果，每一個生命都是平凡的，我們連自己都難以掌控，如何有能力去控制別人呢？

「我開玩笑的啦。我只想做自己的主人。」

能了解到我們只能學習做自己的主人，我們才能了解什麼樣的努力是有意義和有價值的。當一個企業的負責人，員工是用時間、勞力、知識和經驗在換取工資，而不是他的人，許多的企業把員工當成機器的一部分，只要供給電能（薪資），就要員工努力地運轉工作，把人和貨物都設定為成本，只想著如何讓成本降低，獲利拉高，創造企業的價值。這都沒有什麼對或錯，只是我們要知道，人有生和死，企業也有興衰起落，以前有人提倡永續經營，但這需要不斷求新和求變，否則永續經營只會是神話，世界上有百年歷史的知名企業，都是稀有和罕見的。

不喜歡既有的選項，就找出新選擇

「要清楚這些，我們所有的努力，才能準確地預知自己要的結果！」

冠宇想了許久，告訴我，他不知道他的未來可以做什麼或要什麼。他不喜歡讀書，但不繼續讀書，又不知道可以做什麼。書讀得好，未來就會充滿著希望和可能；書讀不好，就不會有什麼好的前途。在我自己的成長過程當中，一直覺得自己是不會讀書的那一類型，直到大二才逆轉了人生的命運，大二之後不用讀英文，也不用考數學，其實冠宇也是一樣，英文和數學差一點，其他的都還可以，或許堅持努力，有一天他也有機會逆轉勝！

「如果你可以選擇或決定，你要什麼樣的未來呢？」

冠宇十分消極地表示，即使很努力、也很幸運，未來有了自己的公司、做了老闆，人生又會怎樣呢？住大一點精華區的房子，開高級一點的車子，然後呢？每天努力地工作，維持自己一定的生活和開銷，最後呢？一樣會老，會生病，一樣會死掉！

「這就是人生嗎？」

這樣的人生很可悲嗎？偉大的夢想非要做偉大事業，頂天立地，揚名立萬，或是走到哪裡都有人認得你，對你歡呼，才算數嗎？

「怎樣的人生才算是成功呢？」

冠宇似乎對我的問題有些不耐煩，這些問題談完了，生活一樣要過，冠宇仍要努力想辦法讓自己的成績all pass，不管用作弊或是其他方式，成績過不了，講什麼都沒有用！作弊得來的和憑實力得到的畢業證書，兩張畢業證書不會有差別，未來的前途也不會有太大的不同，因為學校都學些沒有用的東西。會與不會，通與不通，都沒有什麼太大的影響！在這個社會上，就是要夠狠、夠殺的人，才能出頭天！我只能靜靜地聽著冠宇抱怨，他講的也算是社會的現實，堅持自己想法，絕不妥協的人，是真的很難在這個社會存活。但一定要逞凶鬥狠，昧著天良嗎？自古以來，依附權勢，耀武揚威，欺壓善良的惡霸，經常是高官顯要，委屈受辱不敢伸張正義的，也經常是廣大的善良民眾。

如果本分守己等於吃虧……

「如果可以選擇，你要選什麼呢？」

大部分人都選擇做一個心安理得的小民；但冠宇不要這樣的選擇，他決定做一個強者，一個得利者！

「我要做一個政客或奸商！唯利是圖的人！」

同樣的人生，有什麼理由選擇做一個被欺負，受壓榨的人呢？一個上班族為了一份只足以溫飽的薪水，就要辛勤地工作和付出；為了要有一間屬於自己的房子，要省吃儉用二、三十年；如果結婚，有了孩子，又要為了子女的教育更加辛勤工作，最後美好的青春歲月，就這樣耗盡了！

「我不要這樣的人生！」

冠宇要什麼呢？每一個人都期待著不勞而獲，坐享其成，但即使做個奸商或政客，也是要辛苦地經營和付出，而且要冒更大的風險，一旦東窗事發，一生的努力都付之一炬，還要入獄服刑！因為這樣，所以絕大部分的人選擇安分守己，做一個平凡和辛勤的基層工作者。

投資自己的潛能，就能擁有更美好的生活

「怎樣才可以讓自己有更好的生活呢？」

冠宇面對自己的人生，有許多的疑惑，沒有必要做救世主，也不能做奸商或政客，那麼，難道人生只有甘於平凡，做個出賣勞力、體力與時間的勞動階層嗎？冠宇疑惑著，這個社會上那麼多的有錢人，他們是怎麼有錢的呢？台北街頭放眼看去，再破舊的老公寓，都要好幾百萬元，任何一間店面都是數千萬，幾百萬的名車到處都是，他們是怎麼變有錢的呢？

「人生因投資而富有！」

買股票或房地產嗎？這當然也是方法；但最重要的是投資自己，在年輕時開始累積自己經驗和智慧的資產，別急著多賺時薪或計較每月的薪水，而是操練自己成為一個有能力的人，這個社會是以供需法則來決定一個人的收入，愈高層的人領的薪水愈多，因為他們過去累積了經驗和專業！

「確定自己人生的方向和目標，從現在開始做準備！」

沒有什麼是永遠賺錢的行業，也沒有什麼是一定沒有發展的行業，關鍵在於如何經營。我在公家部門的系統十幾年，許多人都在盤算還有幾年可以退休，退休可以領多少退休金，我思考的卻是如何利用公家部門廣大的學習和自我挑戰的機會，把第一線的基層工作，做到全世界最好。我早期到高科技產業演講或擔任課程，都受到許多質疑：一個基層的公務人員，能有什麼特別的經驗？但幾年下來，我已經到過無數大企業擔任講師。我年輕時就給自己定下了演講的價碼，每小時一萬元，我問我自己，什麼樣的演講內容才值一小時一萬元？當然是做別人做不到的事，不斷地超越自我的極限，因為我用我生命的經驗在演講，要激發每一個人對自己生命的高度期待和挑戰，要讓所有人了解，一個人最大的設限者，是你自己！如果你願意立下明確夢想，挑戰自己的限制，每一個人都有無限可能。我完成了五千場演講，除了極少數因演講對象和場地的限制，無法發揮之外，絕大多數的演講，都讓聽眾感動不已，因為我用自己的生命在感動另一群生命，讓每一個人都看見自己未來的希望！我也期待著，我能用我的生命感動冠宇，給他自己的未來一個偉大的夢想！

「冠宇，什麼是你要的人生呢？」

冠宇因我這番話，有了自己的一些想法，他要我給他一些時間思考，下次再見面時，他一定會給我明確的答案。

「我要做一個對社會有貢獻的有錢人！」

冠宇告訴我，他想要幫助這個社會，讓每一個人都有房子住，用自己可以負擔的房價買到房子，他的父母都是做營建的，他也曾跟著做小工，發現都市裡有許多空屋，是沒有被使用的，郊區也有許多廢棄或閒置的房地。他想做整合分配和管理的角色，就像房地銀行，有房子的人把房子放進銀行，每月可以領到房租，短期或長期需要房子的人，可以用最少的租金，租到適合的房子，他想要蓋每一個人都買得起的房子，讓上班族不用辛苦二、三十年才有房子住！他要學習印度的窮人銀行，幫助中下階層的人，滿足生活的所需！冠宇要做一個可以賺到錢，又對社會有貢獻和幫助的人！

「非常可行！很棒的夢想！」

給自己的夢想一個期限

上階層的人追逐億萬豪宅；但有廣大的民眾，只期待有一個安身立命的家。房地產不是每一個區塊都是昂貴的，冠宇愈講愈興奮，提出一套房屋信託管理的想法，類似旅館的運作，讓房子能充分被利用。雖然不是很成熟，但我相信他會透過學習累積足夠的資源和能力，讓自己夢想成真。他以前沒什麼動力學習，有了這樣一個目標，他準備好好讀書，未來他要讀與房地產行銷管理相關的科系！

「我相信你一定可以夢想成真！」

冠宇告訴我他有錢之後，最想做的一件事。

「我要幫窮苦孩子找到夢想，並幫他們實踐夢想！」

冠宇告訴我，這一個月他每天都在問自己，做什麼事才可以讓自己的生命沒有遺憾，有什麼事可以讓他每天都充滿了動力，他發現人一定要有夢想，而且要有偉大的夢想。他找到了生命的動力，想讓窮苦的孩子，也能因夢想而偉大！他發現，如果一個人只想要賺很多的錢，但卻沒有明確的動機，知道自己有錢之後要做什麼，這樣是不容易成功的。動機愈明確，對錢的吸引力就會愈強。冠宇要賺大錢的動機令人感動，因為在他眼裡，錢不是數字，而是「愛」與「希望」，我之前協助過的孩子，之所以能夠擺脫貧窮，成為一個有錢人，最重要的是有明確的目標；再者是決心，有非要不可的理由和動機！

「我相信你一定會做到，但請你給自己一個明確的時間，什麼時候開始你的夢想，什麼時候讓你夢想成真呢？」

沒有時間的夢想，就像一張沒有兌現日期的支票，它不是一張有效的支票，但是，很奇妙的，只要日期一確定，頭腦就會開始執行夢想的計畫，把眼前的道路打開！

「十五年後，我要擁有一千萬的存款，我要幫助第一個孩子脫貧圓夢！」

非常明確的計畫，這個幸運的孩子會是誰呢？

冠宇告訴我，他的脫貧圓夢計畫來自於媒體報導，他看到一個因意外失親的小女孩，想要讀書，未來做一個服裝設計師的故事，他非常感動，決定一定要做一個有錢的人，才有能力幫助別人；但他又不想賺黑心或有污點的錢，所以他要幫助需要的人建立自己的家，在幫助別人的過程中成就自己！

夢想加油

許多人都想問，冠宇後來成功了嗎？

我覺得這沒有那麼重要，在人生的旅途上，冠宇勇於夢想，努力付出讓夢想成真，夢想或許有些太過理想化，但世事難料，許多的境遇都可能和我們想像的有落差，夢想不斷在調整和改變，最後可能雲消霧散；但夢想永遠不會真正消失，只要有過的夢想，都會在生命的旅程中，喚醒我們對生命的熱忱，勇敢地許下你對自己及這個世界的夢想，一起努力讓夢想成真吧！

在創作裡飛翔

這是一幅脫離現實的畫作，大大半朵荷花占據了畫布的三分之二，荷葉和遠景都被刻意的縮小。這幅畫想給有偉大夢想的人，專注你的夢想，其他都不是那麼重要了。夢想不管多麼不切實際，不管有多少人嘲笑，只要堅定不移地為夢想付出和努力，即使未能如願達成，人生也會因偉大的夢想有所不同！忠於你的夢想，現在不及時出發，以後你一定會懊悔！

〈偉大的夢想〉，50P，見p.14彩頁

11 我的人生成功嗎？

每個人都能得到最好的安排

承浩的內在有許多不平，他這麼用功讀書，如果苦學有成，領的薪水是弟弟的十倍，又擔任重要職位，可能就會覺得人生的努力和付出是值得的；但事實並非如此，他拿到博士學位，在三流大學裡擔任最低階的助教職位，一切都要從頭開始。

每個孩子都是獨一無二的

承浩和承瀚是雙胞胎，哥哥承浩外向聰敏，承翰卻是個內向敦厚的孩子。兩人小學同班，承浩幾乎總是班上的第一名，各項才藝都有傑出的表現；承瀚卻始終是班上的吊車尾。兩兄弟的差異讓父母十分困擾，哥哥能力表現佳，卻人緣極差，傲慢的態度常常與同學起衝突；承瀚動作慢，反應欠佳，常被同學欺負，兩兄弟每天都被老師在聯絡簿上寫滿紅字，媽媽來找我，希望我能讓承浩謙虛些，能讓承瀚聰明些。

「他們兩兄弟都一樣好，只是好的地方不一樣。」

都是一樣好，為什麼還要更好呢？承浩的優勢是主動積極，很有企圖心，很容易在現實社會有亮眼的成就；弟弟承瀚雖沒有亮眼成就，但事事懂得珍惜和感恩，即使被欺負，還替使壞的同學開脫。如果把他們兩個重新融合，再平均分成兩個，這樣就沒什麼好的了，兩個人都會沒什麼風格和特色。

「可是，兩個孩子不一樣，很令人困擾！」

在家裡，兩個孩子穿一樣的衣服，哥哥就會抱怨，衣服哪裡不合身，不好穿，如果弟弟覺得還可以接受，哥哥就會發飆罵弟弟蠢，幾次經驗下來，弟弟就不敢有自己的意見，他的口頭禪就是：哥哥說的算。即使如此，這樣哥哥也會不高興，罵他跟屁蟲。反正兄弟就是這樣，一個趾高氣揚，另一個畏縮沒自信。爸媽看在眼裡，想同情弟弟，卻不想與承浩衝突，讓事端擴大，常隨著哥哥的氣焰，順勢地罵弟弟。在家是這樣，在學校，老師同學也幾乎都是如此，媽媽常心疼承瀚，但又氣他怎麼這麼不成材，做事動作慢，學習成效低，以後會有什麼前途呢？

「如果弟弟和哥哥一樣，爸媽就安心了嗎？」

哥哥強勢傲慢，認為大家都應該以他為中心，自私自利只求自己好，別人的感受和想法並沒有那麼重要。一個不懂得體貼和關懷別人的孩子，爸媽雖以他的學業和表現為榮，但未必真心地喜歡這樣的孩子。

「沒什麼好擔心的，每個孩子都有自己的路，傑出優異的，有他的一片天空；溫吞笨拙的孩子，也有他的出路。祝福孩子吧！」

贏在人生起跑點，不代表更快樂

就這樣地，五年、十年的時間過去，我一路看著這兩個兄弟成長，國小的差異，到了國中更是明顯拉大，聰明的承浩，功課都是學校的排行榜前面，成績落後的弟弟，當然就落在後段名次，還好兄弟國中沒有同一班，哥哥除了成績好，又性早熟，國中就開始有女朋友，戀情不斷，因成績亮麗，老師總睜一隻眼，閉一隻眼，即使在學校和女同學有親密動作，學校老師也只是口頭勸導。

爸媽的注意力大部分都在哥哥承浩，關心他是不是可以上第一志願，學測考完後，父母才注意到，他們家有一個第一志願的孩子，也有一個什麼志願都很難填上的孩子。承浩就讀第一志願的高中，承瀚也很認命地選擇了私立高職。在高中階段時，哥哥很受挫，因為他再怎麼努力，在班上名次只能勉強維持中後段，除了上課，還要補習，學費雖低，但父母在他身上的整體花費比弟弟承瀚多很多。承瀚讀的是餐飲科，學費雖高，但沒有其他額外花費，暑假就依學校安排，在知名餐廳打工，還有工讀費，不僅有能力自己負擔生活費，學費也自己分擔了一部分。即使如此，父母心目中，仍然只對承浩抱著高度的期待，對於承瀚，便只期待他平安，未來能養活自己就好。

我有機會和兩位孩子對談，發現哥哥承浩對未來十分悲觀，他認為即使以後拿到碩博士學位，在社會上也未必有發展，即使有一份月薪三四萬的工作，人生還能有什麼期待呢？弟弟承瀚就比較樂觀，他準備高二考過丙等餐飲證照，若有機會，再考烘焙證書，高職畢業後，他不想升學，打算到餐廳當學徒，只要有份工作，月薪有兩萬元，他就心滿意足。承浩後來考上了國立大學，但他很不滿意，因為不是第一志願，他想重考，爸媽也支持他。承瀚高職畢業，學校表現雖欠佳，但他吃苦耐勞，獲得實習單位的聘用，在一家頗知名的餐廳當學徒，薪水不到兩萬，不過他很珍惜和感恩，覺得自己在一所三流的私立職校畢業，卻能進這樣一流水準的餐廳工作，是榮幸，也是恩典。他很樂於學習和付出，原本內向沒自信的他，回到家，總有許多話題和爸媽聊，說他們餐廳有哪個名人來用餐，哪個師傅又有新的菜單，大老闆還親自對他們講話！

一個人的價值，不在於表面成績

「有什麼了不起，不就是個廚房學徒嘛！」

承浩有一天從補習班回來，聽見承瀚高興地報告餐廳裡發生的事，令他十分不悅。想到自己沒有考好要重考，而承瀚卻已經會賺錢，不像他，還要向父母拿錢。原本高高在上驕傲不已的他，現在只是一個每天窩補習班，等著明年再一次考試的重考生；而承瀚因工作的歷練，讓他更懂得謙卑。

「哥，你會讀書，以後會是我們的長官和上司！」

承浩不講話，從小他會讀書，有好的成績，多才多藝，名列前茅，讓父母以他為榮，尤其是他考上第一志願的高中後，全家人包括祖父母，都以他為傲，現在呢？他沒有上第一志願的大學，如果有，他弟弟一個餐廳學徒，誰會把他放在眼裡？兄弟自從分別上了高中職以後，學習背景和環境不同，彼此對話和交流就愈來愈少，承浩的女友要來家裡，爸媽就眉開眼笑地歡迎；承瀚有同學要來，爸媽就會提醒，別交到壞朋友！幸好承瀚也沒放在心上，反正，從小承浩就是父母的寶貝和榮耀。

隔年承浩不負期待，考上了第一志願的學校和科系，他又從弟弟手上奪回了父母的注意力和榮耀。大學期間，他予取予求，買最好的電腦和最貴的手機，爸媽還讓他參加暑期遊學團。對於這一切，承瀚一點都不羨慕，他不靠爸媽，他靠自己爭取到許多自費出國觀摩學習的機會，即使他不是主角，只是跟班的助手角色，他也已經很滿意自己的境遇，認真學習餐飲領域的各種技藝。四年後，承瀚服完兵役，繼續在他原來服務的餐廳工作，他從學徒升做三廚、二廚，他很幸運，一直有機會跟在主廚身邊學習，雖然沒什麼特別的表現，但生活很穩定和正常。

「一個人最大的價值，就是有能力為別人服務！」

這是承瀚的師傅教他的，他謹記在心，永遠學習充實自己，在人生各種境遇中永遠珍惜和感恩。承浩呢？考上了研究所，繼續他的學程。

成功與否，要看你期待的是什麼

「我不知道我的夢想和人生的目標。但知道又怎樣呢？」

有一次我和承浩談到他的生涯規劃，他一臉不屑地回應我，我了解到他對自己未來的茫然和無力感，的確，如他所言，知道又怎樣呢？即使完成博士學位，一定就有較好的發展和機會嗎？學歷已經不是決定一個人未來發展的關鍵，學歷無法代表能力，什麼能夠證明能力呢？他不是不願意想，只是想了又怎樣呢？他似乎沒有太多選擇，拿到碩士學位後，他考慮就業、出國，或繼續讀博士學位，他的父母願意全力地支持他，他服完兵役，也順利取得美國知名大學的入學申請。四年後他如願取得博士學位，也幸運地被一所私立大學聘為助理教授，他的雙胞胎弟弟呢？十年努力，他從學徒升到了主廚，月薪和哥哥一樣，一個月六、七萬元！

「我這樣算是成功的人生嗎？」

承浩在我去他任教的學校演講時，請我喝咖啡。他很感慨地問我，努力了十年取得學位，也有一份令人稱羨的教職，卻和從小被他看不起的弟弟，領一樣的薪水，他的弟弟只有高職畢業，卻已是一家知名餐廳的主廚，博士教授又怎樣呢？他一點也沒有成就感，尤其是教到和他弟弟一樣不會讀書又不愛讀書的學生時，他心裡常有許多感慨，自高職畢業，他的弟弟就自立生活，沒用父母任何一塊錢，而這十年來，他補習、讀大學、研究所和出國，爸媽為他賣掉一間房子，弟弟卻靠貸款買到了自己的房子！

「你覺得我們兄弟，誰比較成功呢？」

承浩的內在有許多不平，他這麼用功讀書，如果苦學有成，領的薪水是弟弟的十倍，又擔任重要職位，可能就會覺得人生的努力和付出是值得的；但事實並非如此，他拿到博士學位之後，在三流大學裡擔任最低階的助理教授職位，一切都要從頭開始，要有什麼成就或影響力，再奮鬥十年也未必有成。這個社會是怎麼了？對於他這樣頭腦好又會讀書的菁英，竟然沒有給予他任何福利和榮耀，辛苦讀書奮發向上，所為何來？

「你很失望嗎？」

事實上，還不知有多少的博士在外流浪，想盡各種辦法要擠進大學教職的窄門，承浩已經是很幸運了。若用投資報酬率來看兩兄弟的成就，弟弟是最省錢的投資，報酬率也不低，承浩最耗錢，卻沒有特別的報酬，即使未來晉升副教授和教授，薪資所得也未必比弟弟承瀚來得高。

每個人都有機會自我實現

「為什麼要這麼辛苦讀書呢？」

承浩有些落寞和不甘心，但這就是多元化社會公平的地方，如果所有好的機會和高額報酬，都只留給聰明會讀書的人，那麼，那些不夠聰明，書又讀不好的人，他們又有什麼努力的動力呢？教育就是給每一個人機會實現他要的夢想，承浩和弟弟都是成功的，他們完成自己所要的一切，這不是薪資所得可以衡量的！弟弟承瀚要的只是一個平凡的夢想，努力讓自己有一技之長，讓自己在這個社會有存在的價值，有一份工作，有自己的房子和車子；承浩的夢想是要做一個符合社會期待的高學歷、高成就的人。弟弟承瀚如他期待地做自己要的一切，他的生命是成功的。承浩有高度的企圖心，想要做一個在社會上有影響力的人，雖然目前還不是，但只要堅持繼續努力，終有一天，他也會有令人刮目相看的成就！

「你要什麼呢？得到你要的，你就是成功了！」

幾年前承浩還是大學生時，我問過他對自己的未來有何夢想和期待，他覺得討論這些沒什麼用，沒有學位，就沒有立足的空間；如今學位有了，才有了立足之地！

「承浩，你要什麼呢？得到你要的，你就是成功了！」

承浩看我一眼，對我苦笑，聳肩攤手。他一臉無奈地告訴我，來這裡的教授，除非是公立大學退下來領雙薪的，其他的年輕教授，還能有什麼期待和夢想？當然是離開這裡，擠進公立大學！就像許多流浪教師一樣，想辦法先進私立學校，再轉進公立學校。這裡只是暫棲之地，薪水少、工作重，最重要的是，學生是被挑剩的，學習動機低落。

「累啊！」

承浩這時才覺得，他弟弟才是真正聰明的人，投資自己的專業和能力，而不是耗費生命在追求一張沒太大用處的文憑。他作為一個老師，很想對他那些不愛讀書、只是來混文憑的學生，講出內心的真話。休學去學個一技之長吧！但他也知道，這些學生可是他的老闆，沒有他們，他就不會有這份薪水！

「如果可以把這些三流的學生，教得比第一流大學還優秀呢？」

承浩露出不屑的笑容，說這怎麼可能，他常搞不清楚這些學生來學校做些什麼，繳那麼多的學費，許多學生都是助學貸款，上課卻都在睡覺，下課趕著去打工賺錢，把自己打扮得像個酒店小姐，從背包掏出來的都是昂貴的3C產品，他真不知道該怎樣讓這些孩子把專注力放在課堂上。

只要發揮最大能力，就是成功

「課堂上學到的東西，對他們未來的工作和生活有幫助嗎？」

我們常抱怨學生不肯學習，但卻很少問自己，我們教他們的課程，能幫到他們未來什麼呢？現在教育最大的問題，就是和現實社會脫節，學非所用！我在法院工作了十餘年，我很清楚，要這些迷途的孩子找到動力，最重要的，就是找到他們人生的方向，讓他們知道，現在所有的努力，都是為了他的未來在做投資，關鍵就是要讓每一個學生知道他的人生夢想和期待，他需要知道他為什麼要學習和努力付出！

「你要什麼呢？你要成為什麼樣的教授呢？」

在學術界要出人頭地，需要日以繼夜地朝著自己的研究目標，努力地累積自己的資產；但做一個老師最大的成就，不是薪資，而是來自於他能給學生什麼樣的影響力和幫助。在法院工作的我很清楚，再高的職位和頭銜，也絕對比不上用我的生命去影響另一個生命，讓他找到人生的方向和目標。簡單的說，我要是能把處在社會邊緣和生命谷底的孩子，帶上成功之路，這就是我生命最大的成就和挑戰！

「如果承浩也能把手上三流的學生，教成未來第一流的人才，我相信這是人生最大的成功！」

一個人的成功絕不會是他攻讀博士學位或晉升為正式教授的職位，而是在於我們的生命對世界的意義和價值。承瀚的生命和承浩比較，我覺得目前承瀚勝過承浩，因為他用了最少的資源，創造了最大的可能性；但在未來我看好承浩，能在教育的過程中，創造學生的無限可能和機會！

「你的人生成功嗎？」

承浩反問我，當然是還沒有，每一個人生命的可能性，應是永無止境，我正在創造我生命另類的可能性！

夢想加油

不論在人生的起跑點上你是贏或輸，也就是你在學的過程，是否曾是傑出優秀的學生，這都不會影響未來的發展。影響你成功的關鍵，應該在於你是否有具體明確的人生目標。你要什麼呢？你要把自己帶去哪裡呢？你想要你的人生有什麼樣的旅程呢？因為你清楚知道自己的目標，你才知道今天的任何努力，都是有意義和價值的，也唯有如此，才能激發自己全力以赴，堅持到底的毅力和勇氣。

如畫作一般，高聳的大山固然令人仰望，但不是每一個人都需要遠大的夢想，把自己眼前小小的願望實現了，我們站在山頂上，就會發現人生的視野已經大大不同。加油！不論你要的是什麼，都盡你最大的努力去付出吧！你付出什麼，你自然就能得到你要的！

在創作裡飛翔

這是一幅很特別的畫，一座山孤挺在遠處，初起的晨曦照著山頂，象徵了一種高不可攀的成就；在低處，有著一座小丘，在雲霧中露出了微不足道的山頭。我想表達的是，人生各立山頭，不一定是高不可攀的絕峰才算成就，甘做平凡的小丘，人生一樣可以幸福快樂；不必羨慕別人的高大，能夠欣賞自己的獨特和唯一，每一個人都可以活得自在愉快。

〈各領風騷〉，20P，見p.11彩頁

12 永遠給自己一次機會

看見生命中的恩典和禮物

放眼公務機關，機關的高層年齡都明顯老化，有人還會假借各種名目，申請延退。其中一個很重要的因素在於，一生努力，好不容易爬上高層，誰捨得一呼百諾，到處被逢迎尊重的禮遇，毅然決然隱退呢？

當一時失足成了巨大污點

「自認倒楣！衰運臨頭！」

駿立是我大學的要好同學，幾年前因涉及弊案被起訴，同學都很關心。他在校時個性豪爽，很有正義感，同學有什麼委屈，他都勇於出面替同學打抱不平，常和隊職官起衝突，因理直氣盛，常給自己帶來麻煩。這次涉案，聽說就是擋人財路而被設局入罪。他百口莫辯，因為他的確出入了不正當場所，有陪酒的餐廳，也收受了當事人感謝的禮品和金錢。但他也很不服氣，因為這是長年以來公務體系司空見慣的習俗，民代來請託，在法律的灰色地帶做個順水人情，當事人請吃飯喝酒，送盒水果及小紅包表達謝意，長久以來也沒聽說有人因此被送法辦，所以，駿立非常的不服。

「大官可以包工程，官商勾結，收受龐大的利益，而我卻因為區區兩萬元被求刑十年，太誇張了！」

在他被起訴停職後，要好的同學請他吃飯，讓他吐吐怨氣，他喝了點酒，一股腦的不滿脫口而出：十幾年的努力，從基層拚到中階主管，戰戰兢兢地拚績效，累積功獎上百次，最後卻因一次被設計的飯局，一生都毀了，他不服氣的是全程都有人祕密錄音和錄影，他也約略知道誰在操盤，因他在公家機關為人豪氣直爽，難免會言語傷人，尤其是他對部屬總有話直說，常讓相關的民眾和部屬難堪，長期累積下來，有心布局的人，逮到機會，讓他不死也重傷，法官也應該知道這是一件內神通外鬼的構陷事件，部屬因他下台才有升遷機會，有心圖利的民眾可藉機除去眼中釘，官場的沉浮自古不變。

空窗期，也是沉澱再出發的機會

「這一生就這樣玩完了！你們都還有美好前程，祝福你們！」

幾個同學都不知該如何回應駿立。大家心裡都有數，遇到這樣的事，要能全身而退，難上加難，餐會上有當律師的朋友比較樂觀地看待這件事，因整個事件證據取得的過程有瑕疵，未來輕判或無罪的可能性仍是有的，大家聽了才鬆口氣，馬上舉杯祝福駿立，關關難過關關過！最後無罪再復職，還可以獲得補償！

駿立兩個孩子還在念小學，他最難過的是，當案發時，媒體報導他涉案的消息，他的孩子看到報導，竟詢問他：

「爸爸你是壞人嗎？會被關起來嗎？」

他無言以對，每一個人都知道要潔身自愛，做一個清廉的公務人員，但有許多時候，便民和圖利之間只有一線之隔。駿立唯一犯的錯誤，是沒有在第一時間拒絕民眾的送禮，因當時有民代在場，他不想不近人情。但最重要的是，他也起了貪念，十幾年來，眼見同學升官發財，自己仍然窮酸可憐，買個小房子，每個月要把大半薪水奉獻給房貸，十分不甘心。

「停職期間，有什麼計畫？」

司法程序十分冗長，這一起訴，何年何月可以落幕，沒人可以預知，快者一兩年，慢者一、二十年都有可能。駿立請了現場的好朋友做辯護律師，但他一顆心也難放鬆，他想沉潛休息一段時間，他很喜歡美食，很有可能開個小吃攤，賣個簡餐之類的小吃。一個公務人員，從職場上中箭落馬，要開創事業第二春，該做什麼好呢？我也常思索，我可以在現實社會靠什麼過生活呢？靠寫作？還是替人排解困惑呢？

職場挫敗，帶來人生新轉折

時間就這樣過了一兩年，從朋友口中得知，駿立並沒有過關，但幸運的被從輕判刑，並得以緩刑，不用入監服刑，駿立出乎意料地放棄上訴，判決確定，表示他的公職生涯就此結束，不得再服公職，也領不到退休金。

「阿立，怎麼這樣明快呢？上訴還有機會，可以重返公職啊！」

我約了幾個好友，到他開的居酒屋看他，窄而深長的店面，是和別人一起分租，內部陳設簡樸而舒服。因為是下午休息時間，沒有客人上門，他脫了工作服，做了些小菜，和我們喝起了啤酒。

「人生就是這樣！峰迴路轉，天無絕人之路！」

駿立原本和許多公務人員的想法一樣，每天朝九晚五，忍耐所有的委屈和不平，捱到退休領月退，安享晚年。因被起訴停職，為了生活，他到好友的日本餐廳當學徒，剛開始還真是委屈，月領兩萬元，從打掃到清垃圾，抹桌收廚餘，兼做大廚的助手。他很清楚小時候的夢想就是做一名日本料理的大廚師，他要從頭做起，學會經營餐廳的所有技能，所以，一開始他就和朋友表明，他不是來當學徒，而是來學如何開店當老闆的。這位朋友也很幫他，從選料到廚工，毫不保留地教導他，唯一的條件是不可以在方圓五里內開店。

駿立很用心學習，詳做各種料理的筆記，最重要的是，他認真蒐集資訊，他在學校時就因喜歡日本料理而選修日文，全公職的十餘年中也曾多次到日本旅遊，吃遍日本的各種美食；他翻開他櫥櫃裡滿滿的資料夾，分門別類，從料理食品到器皿，鉅細靡遺。

在審理的期間，他原本一再抗辯，後來他放棄了辯駁，和檢察官達成協議，他坦承違法失職，放棄上訴，獲得輕判。現在的他，只想專注做自己想做的事，做一個日本料理店的老闆兼大廚！

對生命裡的災難，心懷感謝

「這蘿蔔醃得怎麼樣呢？」

幾個朋友這才注意到桌上的食物，不起眼的醃漬小菜，一大塊沒切的醬色蘿蔔，剛開始大家還有點芥蒂，朋友老遠來關心，沒準備任何大菜，就幾盤開胃小菜，實在有點小氣。可是蘿蔔入口，我們的味蕾被打開了，一股奇妙的清甜，從舌尖升到鼻腔。原來這蘿蔔是有來歷的，在北橫巴陵的高山上，一對原住民夫婦種的，完全有機施種，豆子和高麗菜都是。駿立只要有空，就四處尋訪適合的食材，他的魚也是宜蘭大溪附近的漁民以海釣方式捕獲，小量長期供應給他。因做這份工作，他交了許多真心的朋友，比當公務員時，爾虞我詐，每天要提防別人設局擺道好多了！每天中午他開店，供應有特色的日式商業套餐，晚上經營的型態則偏向居酒屋，輕食淡酒的服務，營業到十二點，他在鬧區的巷子裡，分租公寓的一樓，租金便宜負擔小，以熟客為主，來店的客人幾乎都是朋友介紹的，所以生意做得很愉快，只請一個助手，大部分工作都是他一手包辦，他覺得人生真是美好！

「幸好有那場災難，否則我的夢想，還真難實現！」

人生有高低起伏，才有收成

如果還在公職，他可能升上機關的上層幕僚，事少錢多，位高權重，他不可能會選擇提早退休。一生努力付出，一旦爬上了高層，誰捨得退下來，從頭開始呢？在場朋友大部分也都任公職，駿立的話道出了大家的心聲。當時我仍在職，駿立的話，其實也給了我許多的啟示。人的一生，奢言奉獻於職志，其實人在公職，不論職位為何，要做事還真不容易。二十餘年的公職，我放棄了所有升遷的機會，也常主動放棄考績，就是因為我很清楚我所要的，是操練自己的能力，若想累積未來發展的資產，就要把眼前不起眼的工作，做到最好！然而，一個公務人員，要多做事，就要承擔額外的風險，不做不錯，做了可能犯下大錯！但公職生涯如果只是保守的上班下班，等著時間到了領月退俸，對我而言，這是個羞辱，也是生命最大的損失，我選擇做一個能創造別人生命奇蹟的人，我輔導的孩子，同時也創造了我生命的各種可能性！不過駿立因案被起訴，給予我許多警示，在苦幹實幹的過程中，一定也要謹守法令，絕不讓自己陷入困境和危機中。當然，我也很幸運，我的工作沒有太多的利益和險境。

「塞翁失馬，焉知非福！」

這句話在駿立涉案時，沒有一個人敢開口，現在大家忍不住把它掛在嘴邊，事實也的確如此。誰知道災難背後暗藏的恩典和禮物呢？駿立能夠反敗為勝，大家都為他慶幸和恭賀，他的起落其實也給予周遭的朋友許多的啟示！

勇敢放手不想要的生活

「不要因一時的失志，就輕易放棄人生的夢想和希望！」

這些話誰都知道，但困境在前，能積極思考，勇敢面對的人少之又少。駿立以中高階主管的資歷，委身做基層的學徒，從事勞力和體力的工作，讓人佩服。更重要的是，他懂得掌握自己人生的期待和夢想，一步一步投資自己，累積自己築夢的資產；最重要的，他能當機立斷，勇於坦承自己的錯誤，放下所有糾葛，重新出發，東山再起的故事令人敬佩。

「人不需要做名貴的花種，做自己適合的角色，一樣可以開出亮麗的花朵，不求宏圖大展，只希望快樂、安心地做自己。」

為了駿立的這番話，隨同前去的朋友當中，有人就表明，只要符合退休條件，一定會毫不眷戀地離開公職，做自己要做的事。

「不容易哦！」

駿立帶著一點嘲諷的口吻，其實放眼公務機關，高層的年齡都明顯老化，有人還會假借各種名目，申請延退。其中一個很重要的因素在於，一生努力，好不容易爬上高層，誰捨得一呼百諾，到處被逢迎尊重的禮遇，毅然決然隱退呢？再者，有幾人真正想過，在生活無虞，有了多餘的時間和精力時，自己真正可以做些什麼呢？

人生最該規劃的事

「的確不容易！」

同行的朋友，大家都有同感，原本為著一份養家活口的薪水，奉獻所有給工作，期待的就是有一天能生活無虞地自由做自己想做的事，可是環顧周遭的長輩，退休之後，有幾人積極地做自己想做的事呢？

「生涯規劃，不只是規劃自己要從事什麼行業，要有什麼成就！其實最該規劃的是自己的興趣！我喜歡什麼呢？我對自己生命的期待究竟是什麼？」

這是駿立經常問自己的問題，他覺得若他是為錢而工作，這份工作就會很辛苦；但他為自己的興趣而工作，所以，他經常不惜成本地研發新食材和料理手法，來光顧的客人，每次都有機會免費吃到他招待的新產品。我們剛剛吃到的醃菜，看似簡單，但其實是很耗時間和工夫的，駿立很佩服日本的料理師傅，像蘿蔔絲，用刨刀等器具兩三下就可以完成，但他們堅持一定要用手工，細細地切絲，駿立的蘿蔔也是如此。當天清晨採收，立即用低溫宅配在中午前送達，第一道工夫要先日曬三十分鐘，再來，於陰涼處風乾一天，除去部分水分，再用薄鹽醃，去鹹後用傳統手工醬料慢醃一個星期，再冰鎮數日，才可上桌。一塊蘿蔔才賣三十元，要用賺錢的角度來衡量，每道菜都不夠工錢；但如果是興趣，看客人吃到嘴裡的那份驚喜和滿足，無價！

興趣＝工作，就無須退休

「沒遇到過奧客？」

「做生意難免嘛！」駿立告訴我們，生意人就是要謙卑，只有客人可以嫌我們，我們哪有立場挑客人或嫌客人，就是該努力做到百分之兩百的滿意度！

「你打算什麼時候退休？」

駿立哈哈大笑，做自己喜歡的事，不需要退休，日本的壽司之王，八十幾歲了，仍全年無休在工作，還樂在其中，他的學徒都六、七十歲了，跟了他幾十年。要吃他的壽司要一個月前預約，店內只有十個座位，這是駿立努力的目標，做台灣的壽司達人！

「駿立，你工作要做到死啊？！」

駿立忍不住露出驕傲的眼神，他細數世界上的經營者，七、八十歲的人所在多有，甚至有人九十歲了，仍樂在工作。「退」是要讓出位置給別人，不要擋別人的路，而他已經退了，離開了公職；「休」是停止所有的學習和付出，但若人活著只是為了繼續呼吸，什麼事都不做，活著和死去有什麼差別呢？

駿立分享他生命最谷底的一刻，他想過自殺，一生的名譽和前途沒有了，活著的意義和價值是什麼呢？最後他放棄這樣的念頭，把自己當成已經死過的人，連死都毫無恐懼了，還怕什麼呢？每天都像新生，充滿了好奇和喜悅。駿立四十幾歲重新出生，一切從零開始，他做日本料理也不是那麼順利，剛開始，他有店沒客人，許多食材都浪費掉了，後來想想，與其丟掉，不如招待朋友吃，每天他要收店時，就請幾位路人免費到他店裡用餐，許多客人就是這樣成為他的主顧。由於店面很小，他覺得讓朋友為了吃而要站在外面等，很沒尊嚴，所以最近他試著採用預約和預訂的方式，以顧客的思維和方便性來經營這家小店，沒想到生意更好。他翻開月曆，密密麻麻的預約單，已經排到幾星期以後，他堅持以食材計算賣價，同樣的料理，如果貴了，他自己吸收；如果食材便宜，他就多送幾樣小菜，不占客人的便宜。

「來我的店，就是我的朋友！」

在大都市的台北，不起眼的小巷子裡，有著一個讓我由衷尊敬的廚師。我們沒坐多久，駿立便起身向我們致歉，才下午四點，他就要開始準備五點第一批客人的餐點了！

「看到你過得這麼好，我們大家都安心了。」

駿立覺得不好意思，約我們兩個月後的某一天晚上，他要為我們做一份特別的晚餐，希望我們一定要光臨！

夢想加油

駿立在大風大浪中，從高處落水，他可以選擇沉溺在怨與恨的深海，但他選擇在最困厄中，創造自己生命的奇蹟，給自己的生命一個不一樣的選擇。人生峰迴路轉，什麼是困境或災難，什麼是恩典和禮物，不在事件的本身，而在於我們的想法和決定。如果你目前的處境不是你期待的，別急著灰心和抱怨，生命的所有美好，就在於你現在的選擇，給自己、給這個世界，一個不一樣的故事。

勇於夢想，做你想要的自己！選擇你真正期待的人生和生命，相信你一定可以！

創造自己生命的恩典和禮物，就在你的選擇。給自己一次機會吧！

在創作裡飛翔

這朵紅色的朱槿是比較特別的一幅畫，畫的是我童年的記憶，這是菜園邊很普通的籬笆花，我們小時候拿它做各種遊戲，因為花期長，花又大又多，從未珍惜它。長大之後，我一直很想念這樣的綠籬朱槿，它生命力強，耐高溫，但陽光不足，它就不開花、或花色黯淡。人生也應如此，即使是平凡的生命，我們也要勇敢地迎向陽光，開出美麗的花朵！

〈展現風華〉，30P，見p.23彩頁

13 專注生命的核心目標

全力以赴，用心實踐每一個夢想

達成夢想會讓生命不斷地提升，夢想本身並沒有太大的意義，而是努力付出的過程中，我們和自己會有許多的對話和澄清，最後，我們會愈來愈懂自己真正要的是什麼。沒有這樣的努力過程，生命永遠是淺薄和有限的。

人生如球賽，球技好未必能獲勝

「我對自己很失望！為什麼我這麼努力，卻一再地失敗呢？」

「我要放棄網球，我永遠不要再打球了！」

育恆是我到一所大學演講時遇見的學生，會後他找我談話，他是學校的網球校隊選手，他很想在網球場上有很好的表現，但他總是得不到他要的結果，他很氣餒。但我很清楚，他會留下來找我，不是要告訴我他的灰心和絕望，而是希望我能幫他找到成功的方法。

「網球是個奇妙的運動，球王自始至終都是球王，都一定不曾輸過任何一場球囉！」

育恆收斂他的低迷情緒，看了我一眼，納悶著，難道他希望尋求協助的對象一點都不懂網球嗎？前一陣子的網球賽才報出，曾經的世界球王，在第一盤就被排在一百名的選手打敗。球王贏球不是新聞，輸球才是新聞，媒體用超大版面報導球王輸球，難道我沒看到嗎？我當然知道囉！

「球王都會輸球，育恆輸球又怎樣呢？」

打敗球王的選手，也沒有一路贏下去，第二輪就被打下來了，網球的神奇就在這裡，沒有人可以穩操勝券。

「我很辛苦地練球，每天都練四個小時以上！」

育恆伸出他的雙手給我看，手掌長滿了繭。他眼淚流了下來，我有些不忍地拍拍他的肩膀，找了一張長凳子，要他陪我坐下來。

「世界上一流的球員，哪一個不是每天苦練呢？」

辛苦的付出是任何成功者必備的一項條件，沒有辛勤的付出和練習，絕對沒有成功的機會。但努力付出的人未必一定會成功，因為任何一項大滿貫，都必須是一連串的成功，其間只要有一顆球失誤，可能就要被淘汰出局，所以網球的比賽很吸引人，任何一顆球都可以逆轉勝。曾有一場比賽，法國第一名的選手，幾度要在賽末點打敗球王，最後都被球王一一逆轉，失敗者當然懊惱，可是這場比賽給予我們什麼樣的啟示呢？

輸贏關鍵，在於穩定性

「即使已經一路輸到最後一球，仍不放棄希望，要繼續堅持，全力一搏！」

網球很有趣，球技再好都未必能夠獲勝，而是要一再在賽局中改善和提升自己的戰術，才有可能取勝。我不是選手，但在看球賽的過程，常給我生命許多啟示。如何善用自己的優勢，一再攻擊對方的弱點，一球接一球地穩穩打進，等待對方的失誤，或任何可以奮力一搏的機會，最重要的，自己一定不可以失誤，如果不該失誤的球失誤了，大好的機會卻沒有把握好，要贏球就很不容易。每一個球都是關鍵！練球很重要，因為任何一球都和基本球技有關，一顆對方失誤的高球，可以狠狠地殺球，卻因沒有算準時間點或拍子沒握穩，角度和時間差那麼一點點，贏球的機會，不僅可能錯失，還會為對方創造贏的機會。

「要贏，很不容易；要輸卻很容易！」

育恆是選手，我不是，他應該比我更了解網球。

「我想要贏，我不要輸！」

這是每一個選手的信念，但為什麼比賽下來，有人贏了，有人卻輸了呢？有人經常贏，有人卻總是輸呢？即使旗鼓相當的選手，輸贏的機率都還是可能差很大，關鍵就在於能不能防守住每一顆球，而未必在發球或攻擊。我常看到比賽中有優異的選手，只贏在前面幾局，最後卻輸了，原因就在於失誤太多，該守住的球，沒有穩住，急著要一發得分，最後就輸在關鍵的一兩球！

「盧老師很懂網球？」

我只是喜歡看球賽而已，網球神奇的是知道沒有用，做得到才有用，你一旦知道對方防守的瞬間漏洞，就要又狠又準地在那剎那間把球打進，做得到的人，就會一路贏下去，訣竅則在於一次又一次的練習，練到毫無猶豫的反應。育恆每天練四個小時，雖然很不容易，但我相信對手一定練得更勤、更用心。

目標，可以不斷調整

「輸在一時，別輸掉一輩子！」

球王輸球離場時，雖然落寞，但他很清楚下一場球賽就要開始，輸了這一場球，已是不能改變的事實，重要的是，如何才能夠贏下一場球呢？

「忘掉已經不能改變的賽局，專注準備下一場比賽！」

育恆低著頭，用低沉的聲音告訴我，他已經輸到沒有信心再上場比賽。「那就忘掉你的網球，做你有信心的事吧。網球沒有得獎，人生一樣可以充滿希望！」

洪蘭教授的名言：在哪裡跌倒，就換個地方爬起來！

網球打不好，當不了選手，也可以換做點自己做得來的事。不是每一個人都適合當選手，在網球界，能有成就的人是鳳毛麟角，即使有天分，也要有雄厚的資產，可以長期提供經費，參與各項比賽，累積自己的排名；還有一個重要的關鍵，網球是一項極耗體力的運動，一場正式的比賽至少要兩三個小時以上，大部分選手都沒有超過三十歲。

「育恆想做網球選手，你的目標是什麼呢？」

在法網或溫布頓打進決賽，一舉成名嗎？我的記憶中，好像很少有黑馬一路打到決賽的，這些頂尖的選手，都是先擠進世界的百名內，然後每年辛苦地一場接一場比賽，逐場逐年地躍進。

達成目標，重要的是堅持

「如果你拿到世界冠軍，你會得到什麼呢？」

有名又有錢，然後呢？繼續辛勤地練球打球，努力打破前輩累積而來的紀錄，做一個舉世著名的網球選手？然後呢？退休巡迴全世界做表演賽，做一個過氣的選手，憑著以前的光環，盡可能地繼續撈錢，直到沒有任何利用價值，再用過去所賺的錢豪奢地過生活？

「育恆期待什麼樣的人生，想過什麼樣的生活呢？」

網球是你人生的所有，還是你逃避其他挑戰和辛苦的避風港呢？我遇到過許多體育選手，問他們為什麼喜歡運動比賽，他們許多人的答案是因為不喜歡讀書，讀書很辛苦；也有人告訴我，做體育明星的收入很高，贏一場球就比上班族一年的所得來得多，可以名利雙收。我從未想過要做一個運動選手，當然一方面是因為我在體能上從未有這樣的條件；另一個原因是，我知道任何一個運動選手都要承受辛苦累積的過程，任何練習都得全力以赴，最重要的是在比賽時，要用盡自己生命中的最大潛能去拚，才有一點贏的機會。如果用這樣的拚勁，做任何事都會成功，那麼，為什麼不思考自己最大的優勢和最大的興趣是什麼呢？用運動選手的拚勁去努力，做什麼都會成功的。

「專注你要的！」

「找到最大、最可能成功的路徑！」

「全力以赴，堅持到底，以永不放棄的態度去努力，你一定會成功的！」

網球只是一個成功的路徑，育恆努力了那麼多年，一再地在這裡跌倒，當然找到成功的方法，堅持努力，一樣會有成功的機會，但如果還有其他選擇，而且成功的可能性更高，有什麼理由要執著在網球這一個選項呢？

興趣不是逃避的藉口

「除了網球，難道你沒有其他可能成功的選項嗎？」

一連串的比賽成績都欠佳，顯然網球不是育恆的天賦和優勢所在，他讀的是企管，未來做一個專業的經理人或顧問，一樣可以名利雙收，關鍵是他要像一個專業的運動員，用生命的所有去投資自己和拚搏，這樣就一定會有贏的機會。

「我對企管沒有興趣。」

育恆因父母的期待選了企管，他不想花心力在課業上，所以大一就參加網球校隊，想在網球界爭得一片天。他一直都沒有成功，很重要的理由，在於許多網球選手在國小就開始培訓，別人從小練習到大學，而他，大學才起步，要在網球領域有過人表現，有機會，但不容易。我所知道的頂尖選手，都是從小刻意栽培，如果育恆要堅持這條路，他一定會走得很艱辛。

「你怎麼知道你對企管沒興趣呢？」

人的天賦和成功經驗有關，曾經成功過的經驗，會驅使大腦一再地給自己接觸這些事情的機會，並創造更多成功的經驗。一個人對某件事沒興趣，有許多的因素是過去有不愉快的經驗。育恆因父母的意見選了企管系，這不是他經由思考分析，發現是自己適合的，而父母的選擇過程中，可能漠視了育恆的感受和想法，讓育恆覺得不舒服，這樣的經驗，可能是導致育恆對企管相關專業排斥感的源頭。他是否真的喜歡或適合企管系是不確定的，因為他很可能從未認真地學習和思考自己的未來，事實上，也有愈來愈多的大學生，拿沒有興趣做為成績欠佳的藉口。

光是「有興趣」還不夠

「你除了網球，你還對什麼有興趣呢？」

育恆和我接觸過的大學生很類似，遇到這類的問題，就會陷入一臉茫然，他們從未思考過自己想要什麼，或對什麼有興趣。最重要的，許多人對自己喜歡和興趣的事，從未專注和認真地努力過！就像育恆說他每天練四個小時的球，我詢問他是如何練習，他表示自己都是配合教練指示，教練有所指示，他才會依指示練習，很少主動積極地鍛鍊自己，他對網球並沒有「狂熱」，只是有「興趣」，這樣是很難把一件事做到最好的。

「可能是法律吧！」

怎麼是「可能」呢？都大三了，大學的學程都要結束了，「可能」表示他只是想像，育恆並未旁聽或積極地去確認自己是否真的喜歡或適合法律系。

「你怎麼知道你喜歡法律呢？」

育恆是聽老師和學長的陳述中知道，醫學系是目前大學系所中，一畢業收入最好的科系，其次是法律系，只要考上法官，月入就有十萬元以上，有權又有錢！

「你要的是讓自己成為高收入，又受人尊敬的人，不一定是要讀法律系，是嗎？」

育恆猶豫了一會兒，點點頭說，好像是這樣，但他也不確定。

「做什麼事可以成為有錢人，又受人尊敬呢？」

育恆似乎找到他要的重點了！我忍不住哈哈大笑，做任何事，只要把它做到全世界最好，都可以名利雙收，沒有任何一個科系或行業是有限的發展，任何行業都有無限的可能！

「育恆，你選對科系了，把企業管理好是最容易賺大錢的，比醫生和法官都容易！」

育恆一臉不可置信地看著我，他在企管系混了三年，怎麼都沒有認真想過，任何企業能否賺錢，就在於管理的成效，如何降低成本、提高最大的獲利？企業是靠經營和管理在賺錢，運動選手、醫生和法官是靠個人的專業，要花費時間、體力和腦力，賺的是勞動的小錢，而企業在經營過程中賺的才是大錢。育恆不知接下來該跟我說些什麼，因為他聽我演講，會後特別留下來，就是希望我能幫他找到激發網球潛能的方法，他期待有什麼可以不辛苦就有滿滿收穫的捷徑，結果談了半天，卻繞回了他的本業。他現在就讀的科系，已被他荒廢了三年，一個他一直找各種理由和藉口，想要混過或騙過的科系，竟是一個他必須要好好學習和努力的科系，他可以再跟我談些什麼呢？

「企管學的東西，我沒有興趣！」

賺錢是育恆的興趣，成為有錢人是他的興趣，就像他想得到網球冠軍一樣，但練球不是他真正的興趣。

「你不是真正想要有錢，錢對你而言，並沒有很大的吸引力。什麼對你是真正有驅力的呢？」

育恆的父母親都事業有成，賺錢是父母追求的目標，育恆在金錢方面從未匱乏過，他沒有嘗過缺錢的痛苦，錢對他沒有真正的驅力，他只是如同父母一般以錢衡量一個人的前途與成就。他找不到自己真正的目標，錢似乎是他要的，但他並不是那麼在乎自己是否能賺到很多錢。他的父母會留給他房子和存款，事實上，他已經擁有很多了，錢對他並沒有太大的意義和價值。

知道「不要」什麼，不見得知道「要」什麼

「如果你可以許願，什麼是你的願望？」

育恆想了一下。

「趕快脫離學生的角色，我厭煩做一個學生！」

許多人都不喜歡自己現在的角色，但卻說不出自己期待成為什麼樣的角色。不喜歡，就會想逃離，但可以逃去哪裡？有一份工作、可以獨力生活，脫離父母的掌控，然後呢？因孤單寂寞，找一個伴侶結婚、生子，然後呢？

「再把自己的迷失，以愛為名，為孩子做許多的安排和決定，讓孩子再度陷入

迷失？」

我並沒有任何意圖要批評育恆的父母，在社會的成就上，他們算是成功的，努力學習，力爭上游，實現許多父母的期望，給孩子最好的教育和學習的機會，也期待孩子複製他們的成就。然而，他們不知道自己這麼努力，究竟期待什麼樣的結果，當然也無法教導孩子明白。努力把網球打好，即使很幸運地一路打到了世界冠軍，享有全球知名度和豐厚的年薪，住高級社區，在一流餐廳用餐，穿戴一般人羨慕的名牌，用金錢把自己打造成功的典範，然後呢？我們仍然不知道生命的價值和意義在哪裡，不知道這份努力是不是能得到自己要的一切！

拚命實踐，夢想會更清楚

「我真的不知道什麼是我要的！」

育恆並不想說出自己內在的祕密，但這個祕密屬於大部分的人，包括我自己。坦承自己的無知，我們才有機會知道；我們不知道自己要什麼，那什麼是我們一定不想要的呢？沒有人想要窮、卑微、沒地位！沒有人想被輕視，也沒有人想要沒前途、沒希望！社會的價值觀並非毫無意義，一個人如果占有一切，但不知滿足，他還是窮。所以我們一定要了解，自己究竟要什麼，要多少，我們才可以安心；了解自己要占有或完成什麼，我們才會覺得不虛此行，人生沒有遺憾。

「想要什麼，你就勇敢地去追求它、實踐它！」

一次又一次的獲得，心就會平息下來，讓我們了解什麼是我們真正想要的。

「如果你真的想要在網球上得勝，你就繼續追求它，並得到它。如此一來，你才能了解，你真正要的是什麼。」

育恆皺起了眉頭，我繞了一個大圈了，最後並沒有要他放棄網球，可是這樣的對話過程，育恆可以發現，自己並不想在網球上有什麼成就，他想要知道的是他可以有什麼樣的夢想，讓他專注其中，享受追求和實現的快樂。

「專注你要的，全力以赴地努力實踐它！」

達成夢想會讓生命不斷地提升，夢想本身並沒有太大的意義，而是努力付出的過程中，我們和自己會有許多的對話和澄清，最後，我們會愈來愈懂自己真正要的是什麼。沒有這樣的努力過程，生命永遠是淺薄和有限的。

我無法告訴育恆可以夢想什麼，只有他自己思索澄清過的夢想，才對他的生命有意義、有價值！

夢想加油

別管夢想是什麼，也別管你為什麼要得到！努力去實踐它，在實踐的過程中，你對這個夢想的努力付出，會讓你更了解自己，這一生你為何而活，這一生你想過的真正生活是什麼？

夢想努力的過程中，如果有了像育恆那樣的遭遇，不是放棄夢想，而是找到一個適合自己的地方，重新爬起來；在自己優勢能力和天賦、興趣的總合中，重新聚焦，找到適合自己的夢想，再次出發。別因此而氣餒，任何的努力，都會給你的人生帶來豐富和精采！

在創作裡飛翔

畫油畫的人，幾乎都會畫玫瑰花，我從未想過要畫玫瑰花，在春天台北綿綿的雨天，心中有一種掙脫一切灰沉的欲望，於是，我就想來畫一朵玫瑰花，大大鮮紅的花占滿畫布，只有花，沒有其他的，畫完有一種莫名的感動，簡單的顏色和線條，卻充滿著立體感，我一點都不在乎它是否像一朵玫瑰，我在意的是火紅的花讓我又重新充滿了希望！夢想，我來了！我只為畫而畫，其他的又有什麼重要呢？專注你想要的結果，其他事情一點都不重要！

〈愛與希望〉，20P，見p.23彩頁

14 成就自己的人格

堅持做自己認為對的事

有一天鄰居問我，我才發覺報紙上刊載了一篇報導，文中所說一個月入兩萬捐款一萬五千元給家扶中心的榮民伯伯，竟是我們的管理員張爺爺！我搞不懂，一個月只花五千元，他是怎麼辦到的？

當年風光，只待追憶

紀爺爺是我們大樓的管理員，七十幾歲了，斑白的頭髮，紅光滿面的臉，總帶著一種高貴的氣質，比較像一位公司的老董，一點都不像是管理員。我對他很禮遇和敬重，我也告訴孩子，絕不可因為他是個管理員而粗暴無禮，每天我帶孩子出門，都會和孩子一起向他鞠躬問早，他也因我們的尊重，而對我們特別地親切和客氣。

「我要向你們告別，我要回老家了！」

有一天我回家，紀爺爺略帶感傷地告訴我們，他即將返回他位於江蘇的老家。平常都忙，也少有機會與他深談，我覺得有點愧對他，就索性買了一點小菜和一瓶高粱酒，請他到家裡來坐坐，為他餞行。

「我們紀家在江蘇可是望族！」

紀爺爺喝口酒，開始講他的故事。他十幾歲時因戰亂而成了流亡學生，後來入了軍校，因大陸淪陷，輾轉來到台灣。他在部隊當到上校旅長，後來轉到公營事業，六十五歲退休，因同鄉有難，退休金被借光了，為了生活逼不得已，只好當管理員。

「現實社會，狗眼看人低啊！」

他很感慨，自己原是出身望族的少爺，小時讀書甚至有書僮跟著，在他老家，誰看到他都要客氣地讓路；在部隊，上校旅長是多大的官啊，戰亂小兵犯錯，一個連長就可以下令把人槍斃。在部隊要跟對人，他的老長官在官場上失勢，他中校扛了二十年才升到上校，原本有機會升將軍，可是部屬帶槍逃亡，他受連坐處分，被迫退休。轉任到公營事業之後，早期公營事業都是一堆失勢的除役軍人，將軍一大堆，上校算什麼？只能做個無關緊要的小主管。

「悲哀啊！」

紀家前幾代都是皇親國戚，到了他的父執輩，都還是大地主，家裡有幾十個傭人和長工，類似的故事，我實在聽多了。當天在場的還有紀爺爺介紹來接他工作的張爺爺，年紀差不多，但紀爺爺有著大官和富家子弟的貴氣，張爺爺就平實謙遜多了，他和紀爺爺是同鄉，紀爺爺又是他的老長官，所以，他對紀爺爺總是畢恭畢敬的。紀爺爺講到他的家族盛事，張爺爺都不停地表示這是真的，絕不誇張，張爺爺是佃農的孩子，一直強調紀爺爺是坐轎的少爺，清朝皇族的後代，我也不是很懂，再怎麼輝煌，又怎樣呢？都是過去式了，以前是個富家公子，過去曾一起共事，一個是中高階軍官，一個是士官長，都退伍了，相較於張爺爺的謙卑，紀爺爺酒後高高在上的模樣，讓我有點不舒服，心中反而更敬重謙卑的張爺爺！

千金難換的知交

「紀爺爺要回老家當員外囉！」

紀爺爺的臉突然沉了下來，我才警覺這樣說有點嘲諷，過去，就算是再大的地主，經過文革整肅，家產應該都沒有了，回故鄉依親，如果沒有錢，也很難讓親友看得起。紀爺爺臉上有著不悅的表情，此時，張爺爺突然起身，拿了一個帆布袋遞給紀爺爺。

「感念老長官幾十年來的照顧，這是一點心意，請您一定要收下！」

紀爺爺打開一看，整整一袋的千元大鈔，應該有一兩百萬吧！紀爺爺眼眶紅了，眼淚跟著滑了下來。

「不可以！這是你一輩子辛苦的棺材本，我不能收！」

兩個老人，把那一袋錢推來推去，張爺爺也哭了，最後竟然跪了下來，請求紀爺爺把錢收下，紀爺爺也跪下來抱著他哭。

「繼忠啊，我欠你太多了！」

紀爺爺竟哭嚎起來，喊著張爺爺的名字！

「連長！你是我永遠的連長！我的命是你賜給我的啊！」

我看著這一幕，也不知為什麼感動得熱淚盈眶。在這現實功利的社會，竟還有這麼有情有義的人。張爺爺事後告訴我，認識紀爺爺時他是連長，自己是上兵伍長，在一次軍事演習中，因操作迫擊砲失誤，造成弟兄傷亡。如果照軍法的規定，張爺爺是要被判刑的，紀爺爺很果斷地一肩扛起了責任，主動向上級呈報，說是自己指揮失誤造成傷害，紀爺爺也因此被記過降職，影響了日後的仕途。張爺爺認為這是一輩子的恩情，做牛做馬都難以報答，所以，紀爺爺退伍，他就退伍，一直跟著紀爺爺。紀爺爺之所以會落到這般田地，也是因為有情有義，好心贊助同鄉返家，退休金卻全被騙光了。當管理員真的是委屈他了，但為了生活和籌措返鄉旅費，只好委屈求全，張爺爺常來探望他，有時見到無禮的住戶用粗暴的言語對待紀爺爺，他心都很痛！

「好人！這世界上難得的好人！」

我原本對紀爺爺沉湎於過去的驕傲，有些不舒服，聽張爺爺這麼一說，才對他油然生起一股由衷的敬意。一將功成萬骨枯，在官場上，沒有踩著部屬的血汗往上爬，就已經是難得了；為了保護部屬免於刑罰，而犧牲自己的前程，還真是前所未聞。張爺爺還告訴我，紀爺爺沒升官，除了被部屬連累，另一個原因，就是替長官受過。

他會把平生積蓄送給紀爺爺，就是知道他這麼一個大戶少爺遲未返家的原因就是沒錢，最近決定返鄉，是因為他唯一的姊姊重病，他要回鄉去見她最後一面，聽說他的姊姊因他而被打入黑五類，文革期間吃盡了苦頭，他不回家看她，會一輩子不安。張爺爺要紀爺爺回去就別再回來了，人老了，總希望終老故里。

盡本分，也是不給別人麻煩

「張爺爺，那您怎麼不回鄉呢？」

張爺爺嘆一口氣。他只是一個佃農的孩子，父母早就亡故，家鄉都是一些窮親戚，他回去只是給錢，永遠給不完，在故鄉又沒田沒地。

「人各有命，命賤怨不得天！」

張爺爺沒讀過書，十來歲就在田裡幹活，硬被抓到部隊當挑夫，離家四、五十年了才又回到自己的故鄉，什麼也沒有了，兒時記憶裡的田和路都變了，人也都離散了，沒親沒故地走了一回家鄉，他落寞地回到台灣，至少這裡還有自己的破舊房子，有同事和朋友。幾十年來，他和紀爺爺就像親兄弟，他也捨不得紀爺爺返鄉，但人老了能回家終老，總是幸福！他回不了家，紀爺爺不一樣，家大業大，親友在家鄉仍有一片天，回到家鄉，還是爺字輩的！

記得當天，紀爺爺喝醉了，又哭又跪，說他一輩子都不會忘記張爺爺對他的好，最後張爺爺替紀爺爺揹著那袋沉沉的錢，送他回家睡覺。

紀爺爺返鄉去了，張爺爺和我聊天，我們談的都是紀爺爺。張爺爺為人認真負責，這邊的住戶雖多，但他非常地謙和，見到任何住戶都主動地鞠躬問好，服務周到，得到許多好評。除夕夜，他一個人堅持要到時間才離開。

「我不能讓我的老長官丟臉，他推薦我來做這份工作，我一定要做到最好！」

張爺爺人如其名，對自己的工作和信念忠心耿耿，我很好奇是什麼樣的背景，讓他這麼無怨無悔地為別人付出。

「本分！一個人活著，就要盡一個人的本分，領一份薪水，就要全力以赴！」

有時我也不太理解，大樓管理員不過兩萬元薪水，一天執勤十幾個小時，才領這麼一點錢，要工作那麼長時間，還要盡全力去把事情做好？張爺爺腦袋可能稍欠靈光，如果是五萬或十萬月薪，拚命做也才有點道理。憑著微薄的薪水，住戶對這樣一個七十幾歲的老人，期待也是很低的，坐在出入口收收信，注意一下安全，清潔方面，工人打掃就可以了。張爺爺可不是這樣，早上一來就把附近打掃乾淨，替住戶留意樓下車位，避免被外人占用；有住戶要出入，一定站起來關心，直到住戶離開才會坐下；見到住戶要上樓，一定協助按電梯、幫忙拿東西，一個七十幾歲的人，勤快和靈活度都不輸給年輕人！

「張爺爺，您怎麼這麼有活力！」

他展露他的手臂和腹肌，我幾乎看呆了，我以為他很瘦小，事實上卻十分健壯。每天他都早起練拳，從十幾歲到如今從未間斷，每天早上五點都在體育場練拳。他要免費教我這套強身健體的拳法，但我五點鐘還正在熟睡，爬不起來。他告訴我，年輕的時候，有位軍中同袍教他這套拳法，告訴他，學會了每天鍛鍊，這輩子不用看任何醫生，八十歲仍然有二十歲的體力。張爺爺知道後每天都做，沒有一天間斷。

「您為什麼有那麼驚人的執行力和持續力呢？」

信念支持著張爺爺這麼做，他知道他如果生病，會給別人帶來麻煩，唯一可以讓自己保持體力和活力的方法，就是每天堅持運動，打一趟拳三十分鐘，冬天一樣流一身汗，他要我一定要把這套拳學會，每天操練自己，只要能夠做到這一點，這個世界就沒有任何困難，凡事堅持到底，知行合一！

「我向您致敬！」

張爺爺重重地拍了我的肩膀，哈哈大笑說，拍馬屁沒有用，要我明天早上五點體育場和他會合。我很慚愧，我沒有一天赴約。

我們能給予的，遠比想像更多

「報紙上刊的慈善家，是我們的管理員老張嗎？」

有一天鄰居問我，我才發覺報紙上刊載了一篇報導，文中所說一個月入兩萬捐款一萬五千元給家扶中心的榮民伯伯，竟是我們的管理員張爺爺！我搞不懂，一個月只花五千元，他是怎麼辦到的？

「您一個月真的只花五千元嗎？」

我的孩子有一天忍不住好奇問他，因為我的孩子每個月的花費都不止五千元。張爺爺人很好，翻到一張廢紙的背後開始寫，解釋給我兒子聽：「早餐饅頭加豆漿，三十元；午餐饅頭加一樣菜三十元；晚餐饅頭加一樣菜三十元。一天九十元，三十天兩千七百元，雜支兩千三百元，加起來共五千元。」

雜支包括了水電費，以及生活的種種消費。

「不用手機和交通費？」

孩子一臉疑惑，張爺爺每天快走來回六公里上下班，當成運動。朋友有事找他，打大樓的公用電話，身上的衣服都是以前當兵或公營單位的工作服，幾十年都穿不壞，他也不吃任何零食，水果常是水果攤的朋友賣剩送給他的。

「我堅持不用不該用的錢，把錢給需要用的人！」

我和孩子聽了讚嘆不已。人可以這樣過日子，只賺兩萬元，還可以捐四分之三的錢給慈善團體。回到家，我不斷地思索，我每月到底花了哪些不該花的錢呢？富與窮的差異不在占有的多寡，而在能施予別人的是多少，一萬五千元不算多，但卻是張爺爺四分之三的所得，他每天過著極度節儉的生活，把所餘全捐給慈善團體，幾十年來，已經捐了好幾百萬。他給紀爺爺的錢是他的退休金，自己只保留了一小部分，在他往生時，留給幫他辦後事的人。張爺爺每天快樂地為別人服務，樂於捐輸所有，我占有那麼多，付出的卻那麼有限！

「我真是慚愧啊！」

張爺爺告訴我人各有命，他單身一個人，我們有家有眷，思考的事當然不同，每個人都有自己的期待，他不求名不求利，只求一個無悔的人生。一個巧合的因緣下，有一個慈善團體需要像他這樣的人去帶領志工成長，張爺爺欣然接受了！

「謝謝大家的照顧，我要去養老院照顧老人！」

一個七十幾歲的人，要去養老院照顧老人，大家不約而同地表達了驚訝之情。他想讓這些老人知道，人除了等死以外，還有別的選擇，在生命的黃金時刻，發揮自己黃金般的功能，每天操練自己，讓自己身心保持最佳狀況，不要成為別人的負擔。大家雖不捨，還是祝福張爺爺。

樂於布施，才是真正的富貴

張爺爺離開我們居住的大樓十年以上了，資深的住戶都對他懷念不已，許多人會拿張爺爺的付出和態度來和新任的管理員比較，我總會想起張爺爺的話，人的命各有不同，他自謙命賤，所以他要勤於付出和勞動；我卻認為張爺爺是人間的富貴命，因為勤於付出所有，一生都讓人難以忘懷他的好。占有的少，卻擁有人間最多的愛。

「我也要像張爺爺一樣，做一個有能力幫助別人的人！」

我的孩子有一天發下了這樣的宏願，我突然驚覺，張爺爺月入兩萬元，他有什麼偉大的能力？然而，他卻堅持助人不間斷，這表示助人無關乎能力，而是意願。只要我們願意，我們一直都有能力做一個為別人付出和服務的人。張爺爺應該是個人間菩薩或天使，讓我們看見我們的能力，他用著他的生命，成就非凡的人格！

「這一生，我要什麼呢？」

我要等我有千萬財富，再來助人嗎？還是學習張爺爺做一個樂於布施的人呢？

這真是讓人慚愧的反省。我都知道，但我一直做不到。就像要擁有健壯的身體，就該每天鍛鍊自己。以前我做不到，但因為張爺爺的啟示，雖然我沒有練拳，可是我堅持每週運動三次，每次三十分鐘，讓心跳超過一百三十下。每天運動一次，每次十分鐘，讓心跳超過一百一十下。有點少，但我堅持每天一定做到。張爺爺離開的這幾年，我體會他所說的：只要你堅持不斷，生命中所有難題和困境，都將一一化解。

「人要擁有什麼呢？」

我常問我自己，是要擁有財富和名聲，還是生命中的信念，成就自己不一樣的人格呢？

「我要堅持自己什麼樣的信念呢？」

「我要為自己創造一個什麼樣的生命，什麼樣的獨特人格呢？」

一個不曾真正就學過的老人，給我生命的啟示，勝於名師及專家。

他一知道就立刻行動，而且堅持力行到底。

如果我該有一個生命的典範，張爺爺就是我生命學習的典範。永遠感念別人的恩惠，隨時準備回報別人，盡自己最大的努力，幫助需要幫助的人，做一個愛與希望的天使！

夢想加油

什麼樣的人是你生命的典範呢？

每個人都有一個偉大的夢想，努力創造豐功偉業，造福人群和眾生，成為讓人永遠尊敬和懷念的人。我放棄做一個大人物，但因張爺爺的故事，我選擇做一個永遠在角落默默為別人付出的人，不需要任何掌聲和獎勵，做自己該做的事，盡一個人的本分。大人物往往少有感動人的故事，反而是社會的小角落，處處有溫情和感動！

這是我的選擇！
你選擇什麼呢？
我們正在創造我們的歷史，寫我們生命的故事哦！

在創作裡飛翔

一朵不起眼的紫色睡蓮，很自然地綻放著它微微的光彩，非常寧定而不做作，光在遠處的後方，靜謐而自然。我想表達的是人的生命和花一樣，都是平凡的歷程；但有人讓生命不平凡，在花開和花謝之間堅持做對的事，讓平凡的人生，有著不平凡的人格！

〈堅持〉，20P，見p.10彩頁

15 人在旅途上

一切都是人生的一個旅站而已

人生只是一段旅程，沒有成功或失敗，任何事情的發生，都是旅途上的一個驛站，停靠愈多的驛站，生命就愈豐富和精采，就像坐火車旅行，高速鐵路順利地經過一兩個站，就到了終點，但若坐一般的慢車，停靠點雖多，但人生的體驗一定有所不同。

調皮的孩子，往往非常聰明

文凱是十幾年前我輔導的一個孩子，我對他印象深刻，他聰明絕頂，喜歡特立獨行，功課不是大好，就是特壞。會到法院報到，是因為他在晚上帶領班上同學潛入學校的化學教室，做白天老師示範做的實驗，他自以為是地加重成分劑量，結果引起爆炸和火災，被依公共危險罪移送。

「我們又沒怎樣！」

他在受到調查時，還不覺得自己闖了大禍，我鄭重地告訴他，夜間侵入學校竊取化學藥品使用，已經犯了加重竊盜罪；加上引起爆炸和火災，要負的不只是刑事責任，還要負責各方面的損害賠償，怎麼會說沒怎樣呢？

「要關多久？」

文凱還在擔心被關是不是就不能玩電腦遊戲，被關是不是要做苦工，我實在有些無言，不知該怎麼繼續問他，已經國二了，怎麼如此迷迷糊糊不懂事！

「也不知該怎麼教！」

文凱的媽媽十分擔心，但又不知道怎麼辦。他在學校，如果心血來潮想念書了，幾乎都名列前茅；但有時他會故意作怪，每一科都故意考六十分，或特定的分數如三十八分，氣他的女導師。他也愛惡作劇整老師，例如，把粉筆灰鋪撒在黑板的上緣，一頭用線綁在釘子上，另一頭掛了張小小的紙片，上課上到一半，風一吹，把紙片吹一段垂下來，老師伸手一拉，粉筆灰就像雪花一樣地撒到老師的身上，類似的惡作劇，層出不窮。以前他都會找一些同學參與，後來他覺得這些同學會壞事，最後把他供出來，所以，許多惡作劇，都是他一個人設計安裝，有些機關他自己裝好之後沒有如預期啟動，他就忘了！有一次還整到訓導主任，拿到外表毫無異狀的黑板擦，當他用力擦時，啟動了預藏的機關，就滲出像血一樣濃濃的紅墨水！當父母氣急敗壞地被學校約談，問他為什麼，他卻說：

「上學很無趣，老師講的內容很枯燥，我只想製造一點上課的樂趣。」

文凱很聰明，但他對於事件發生的後果，沒有設想清楚。在輔導的經歷中，我最喜歡這類的孩子，只要你找到可以引起他興趣的目標，他會馬上有傑出的表現！

為孩子的創意找到出口

「你可不可以告訴我，你有什麼樣的夢想呢？做什麼事會讓你充滿動力呢？」

文凱毫不猶豫地告訴我，他要做一個整人專家，或是玩具發明家，這個世界太枯燥和無聊了，每一個人都一成不變地讀書上學，要讀到什麼時候才可以不要讀呢？學校畢業，要辛苦地工作賺錢，買車子、買房子、養小孩！要工作到什麼時候才可以做自己想要做的事呢？五十歲，還是六十歲？一輩子真的要這樣嗎？他不想要結婚，他國中畢業就想做自己要做的事，他要設計有趣的整人玩具，讓每一個人都可以因他的發明而歡笑。

「這個夢想很有創意，我可以多知道一點嗎？」

我們第一次見面，我卻差點忘記他是來做審前調查，開始聊起他為什麼要設計整人的玩具。他說，因為他發現市面上盡是一些無聊又無趣的商品，例如請別人吃口香糖，一抽就打到手，誰會中計呢？這類的玩具應該要是一個類似捕鼠夾的裝置，可以放在任何需要移動的物品上，別人只要輕輕碰一下，不只是打到人的手指，還要可以發射降落傘、煙火、老鼠、蜘蛛或小蛇；生日時可以升起生日快樂的旗子；最有趣的是，還可以把它們連接起來，造成骨牌般的連鎖反應，讓每一個在場的人驚叫。

文凱講到他想做的事，不但思路清楚，而且口才異常的好。之前從來沒有人願意聽他講這些，他難得遇到知音，第一次談話，我們聊了快兩個小時。當然，我聆聽的重點，是希望為他找到一條激發他熱情的出路。

「文凱，你是我見過最有創意的天才！」

他眉飛色舞地接受我的讚美，但他一轉頭，看到爸媽鐵青的臉，他們因文凱的

「創意」，不知遭遇了多少災難和羞辱，他嘆了一口氣。

「唉，知音難得！」

文凱一直活在自以為是的世界，來到法院，他還是維持他的風格，一副不知天高地厚的模樣，完全不知他父母內心的焦慮和不安，還藉著我的話，嘲諷了爸媽一下。我很清楚，我如果沒有幫到文凱，未來有能力幫他的人恐怕不多。

知識，是夢想的基礎

「我很喜歡你，我一定要幫你實踐夢想！」

我自己也很喜歡從事類似的發明，我有五百多件關於各種有趣玩具的構圖，有和汽車、鬼節、年節、聖誕節、辦公室甚至兩性間的遊戲，我講了幾個我的玩具設計，沒想到文凱馬上舉出了改善的方法，可見他的頭腦真的很靈活。

「老師，你有這麼多發明，為什麼不把它商品化呢？」

文凱的爸爸是做生意的，馬上對我的商品有了興趣，當初在設計時，我完全是以市場銷售的最大可能性做設計，因我知道沒有利潤，再好的點子都沒有價值，我也意圖用這樣的方向來引領文凱，讓他找到自己未來的出路。一個整人的點子，如何轉換成可以賣錢的產品呢？

「創意是最重要的基礎，更重要的是要懂得如何行銷創意！」

每年都有幾萬、甚至幾十萬或百萬件專利被世界各國所申請，但單純的發明要成為商品，一百件中可能只有一件；成為商品後又能賺到錢，並持續在市場上穩定銷售的商品，一萬件可能只有一件；而能接續發展出一系列的商品，持續在市場銷售營運的幾十萬件產品中，只有一個品牌會成功。

「文凱，你期待自己的未來是像流星一樣閃爍即逝，還是永續經營呢？你想讓自己的一生都做自己想做和喜歡做的事嗎？」

文凱是個聰明的孩子，當然選擇能永續經營的事業。於是我順勢告訴他，為什麼我沒有放棄我的公職，專注地發展我的玩具事業，原因正在於，我的優勢能力和專業資源都不容許我重新創業，我希望文凱明白自己未來期待的夢想和目標是什麼，並且從現在開始累積自己的未來發展資產。

「可是讀書很無趣！沒人願意做學生，每天被別人管，學些枯燥乏味的功課！」

但若這些學習和未來的夢想有關呢？任何的發明都離不開物理和化學的基本原

理，對基礎的學科有愈深厚的知識，未來的發明，就愈不容易被輕易地模仿和超越，在市場停留的時間就會拉長，賺到錢、讓自己繼續做下一個產品的可能性也就愈高！

「這樣的話，我願意認真地讀物理和化學，我有把握每次都考滿分！」

廣泛學習，用在一朝

文凱是天資很好，但我的分析是，在物理和化學之下，最重要的基礎仍舊是數學，如果他想學好理化，數學不夠好，學習一定會遇到瓶頸。我希望他一定要把數學學好，這他也同意了，但他不喜歡國文、英文和史地，問我這幾科可不可以放棄。

「當然不可以不要讀這些科目。」

國文涉及的是閱讀能力，古人的智慧一定不如我們囉？現代科技進步，古人能夠做到的事，現代人也一定沒有問題囉？當然不是。歷史是很有價值的，它讓我們節省摸索的時間，更重要的，歷史讓我們的許多作品，能帶有故事淵源，例如文凱的整人玩具可以叫做「火燒連環爆」，文凱告訴我，這是借用三國的故事。

「地理總可以不學吧？我不喜歡旅行！」

如果有一天文凱有了自己的公司，他的產品要賣到南美洲，而文凱對南美洲一點概念都沒有，未來行銷一定會發生困難。銷往北美、南美或歐亞的產品，一定有所不同，甚至各個國家對色彩的喜好，也有很大的差異，就像我們如果不了解高緯度國家的夏天日照時間長，冬天日照時間有限，所以我們亞熱帶的人很怕日曬，他們卻喜歡做日光浴，這件事就變得很難理解。所以，一個整人玩具研發者，怎麼可以不懂得一些基本的地理概念呢？

「你直接告訴我什麼科目不重要，可以不用讀或學的？」

文凱很聰明，但卻不是一個很主動和積極願意學習的孩子。

如果人的一生歷程，就像在尋寶，一路走來都有寶藏，你撿愈多的寶，雖然揹的過程有點辛苦，但未來一定都用得到；少撿一樣寶，未來的發展，就會少一點空間和機會。誰都沒有辦法去勉強另一個人，一定要這樣或那樣。

「一切都由你自己選擇和決定。文凱是個聰明的孩子，一定會給自己未來更多的選擇和機會，成為未來的玩具達人！」

文凱突然沉默，沒有再耍聰明，用言語和我辯論。

「在法院，我認識了各種不同類型的孩子，文凱，我對你有信心，你一定會在你喜歡的領域發光、發亮。永遠記得我的話，給自己的未來一次成功的機會！」

文凱的爸媽剛開始覺得我在和文凱瞎攪和，但後來也發覺，我是在旁邊一步一步地引導文凱找到自己的方向，他們很謝謝我的教導。雖然文凱犯了公共危險等罪，但他並沒有不法的意圖，只是想向同學炫耀自己的聰明，家長也和學校達成和解，要賠償學校所有的損失，所以我建議給予最輕的處分——訓誡及假日輔導處分。雖然未來我可能沒有機會再輔導文凱，但我把我的電話和email給了文凱，希望他有任何的問題都可以和我聯絡。

人生的每一站，都有美好風景

一年後他面臨升學，問我他該選高中或高職。他父母希望他讀高中，未來可升大學；而我建議他可考慮高職，好讓他早一點為夢想做準備。結果他選了資處科，他覺得，先把電腦的專業基礎奠定好，未來一定可以讓他的夢想早日實現。文凱在高二就參與了國內外的機械人設計比賽，並獲得了前幾名，還參加了發明展，得了優勝獎，之後我就失去了他的訊息。

「文凱最近很低潮，盧老師可以幫忙他嗎？」

兩年前，我突然接到文凱媽媽的電話。她告訴我，文凱研究所沒考上，要去服兵役，整個人突然像艘失去動力的船，把自己封閉起來。文凱科技大學念的是資訊系，他對資訊有種狂熱，他知道資訊是未來夢想的樞紐，他想設計各種操控玩具的控制軟體，因他的目標明確，大學時代就在相關公司實習，得到很大的肯定。他如果不升研究所，一畢業就有現成的工作，可是他很在乎自己有沒有讀研究所。

「你真正要的是什麼呢？一個亮麗的頭銜，還是實現夢想的實力呢？」

文凱接到我的email，隔了許久才回信給我，謝謝我給他的引導。人生只是一段旅程，沒有成功或失敗，任何事情的發生，都是旅途上的一個驛站，停靠愈多的驛站，生命就愈豐富和精采，就像坐火車旅行，高速鐵路順利地經過一兩個站，就到了終點，但若坐一般的慢車，停靠點雖多，但人生的體驗一定有所不同。畢業馬上讀研究所，和工作幾年後再來讀研究所，所得到的體會一定不一樣。

「讓自己休息一下，讓腦袋有重新思考的空間和機會！這只是一個旅站，並不是人生的終點站！」

一場尋找「為何而活」的旅程

文凱把我的話聽進去了，也得到爸媽的支持，在等當兵的期間，他出了國，先後去了最先進和最落後的國家旅遊，在這段期間，他一直重複地問自己一個問題。

「我可以為這個世界做些什麼？做些什麼事可以讓這些人過得更好呢？」

文凱長大了，不再是我第一次見到那個叛逆又不懂事的孩子，他的想法很簡單，他提供多少服務給世界，世界就會給他多少報酬，世界工業的發展，都取決於人力資本，他打算未來從機器人的設計做發展，用最大和最多的機器，取代更多的人力支出，整個企業才有機會改變，他想朝人工智慧發展，並希望有一天能為人類的發展，找到更好的出路。

這是文凱在旅行期間發給我的信件，他在荒漠和人口高度密集的都市，都同樣感受到人類的渺小和有限，在有限的生命裡，如何做自己真正想做的事呢？

「你不再做整人玩具，你不想再用自己的點子，帶給別人驚奇和快樂嗎？」

文凱老早就忘記他小時候的夢想了，我也無意要他回到他的夢想，我只想分享我的看法：所有的科技，如果無法帶給人類驚奇和快樂，而是製造更多的緊張和壓力，科技發展的價值和意義是什麼呢？藉著各種研發和創意產品，把一般辛勤工作的上班族的所得，變成少部分人的財富，最後讓大部分的財富集中在少數人手上，讓愈來愈多的人找不到工作、買不起房子，最後一定會引爆全球的世界革命，窮人會藉著暴動的過程，為自己找到希望和出路！當然，文凱只是個科技人，一個小小的科技人，他未來可能的發展是什麼呢？

「我下一個旅站在哪裡？」

「我究竟要往哪裡去呢？」

「我這一生究竟要有什麼樣的經歷和生活呢？」

「除了有一份工作，一份所得，我還可以做些什麼呢？」

文凱在印度、尼泊爾旅行時，突然有一種體悟，他從未想過在這世界上，竟然有人用這麼刻苦和簡單的模式在生活，文凱剛開始有點鄙視，鄙視他們的無知，也認為因為這樣，所以他們無力改變和選擇自己的未來，如果他們有機會，文凱相信他們也會讓自己過得更好；但他到了洛杉磯和紐約的都會中心之後，看著匆忙的人群，他又有一點迷失，為了一份薪水和存活的機會，每一個人都像森林裡的植物，拚命地把枝葉向上延展，希望能抓到多一點陽光，每一個人都是這麼努力著。

「我要努力什麼？」

「成為一棵高聳無人能及的大樹？給自己最大發展的空間和機會？」

「還是做一株低層的植物，雖然卑微，但快樂又自在？」

「我該往哪裡去？」

「我應該選擇什麼呢？」

文凱入伍了，做一個最底層的小兵，不能有太多自己的思考，要讓自己的腦子暫時停止運作，他對每天高高在上的幹部，也有著一些觀察，這些人和他並沒有什麼不同，唯一的差別是代表他們職位的階級，離開營區，他們只是個普通人，但在營區裡，又是另外一副模樣。

「我們像在演新兵日記，我只是一個演員嗎？」

「或者，我只是個旅客？」

「誰在決定我的劇本和行程呢？」

「我有多少自主權，可以決定自己是什麼呢？」

文凱服兵役的期間有些失落，他覺得這些日子只是在浪費生命和資源，把一群人集合在一起，每天數著日子，做些無聊的事！

「這只是一個旅站，結束之後，我下一個旅站在哪裡呢？」

文凱想到他到世界各國去旅遊的期間，他常在睡前問自己，明晚他將借宿何方？似乎都不用太操心，明天自然會到來，夜裡也一定會有讓自己入睡的一席之地，這是他半夜抵達某個火車站時，突然有的體悟。他突然感到一種安適，無論如何，夜總是會來，何必為寄宿在何處而煩惱呢？如果火車站的牆邊都可以過一夜，幾塊餅乾加白開水都可以是一餐，未來的旅站還有什麼好憂慮的呢？

夢想加油

這篇文章的主題〈人在旅途上〉，我引用了我曾經輔導過的孩子文凱為例，想跟大家分享，生命是一個旅程，我們正在我們的旅途上，不管你是否滿意自己的過去或現在，這都已經不重要，它已是我們生命的經驗，只要是我們走過的旅站，如意與否，都將豐富我們的生命，重要的是未來，你期待自己有什麼樣的旅程呢？你想再擁有什麼樣的經歷呢？給自己的夢想一次機會，即使未來一事無成，你也會發現凡走過必有收穫，勇於給自己的人生各種可能，路絕不會只有一種選擇，任何選擇和努力，都將有益於你！

努力實現你的夢想，讓生命精采又豐富！

在天賦裡飛翔

這是一幅只有一半蓮花的畫作，許多朋友看了都會問我，怎麼只畫一半，怎麼顏色像是沒有調好？我很難解釋。其實，我想畫一幅看起來還沒有完成的畫，有部分花瓣已濃妝豔抹，上揚的花瓣因陽光直射，而呈現出白色，兩相對比，讓光與彩強烈地展現出來，這就像人生的境遇，有得意的絢麗，也有陰暗的一刻，但人生的境遇如何，都不用太在意，因為一切都是人生的一個旅站而已！繼續向前，未來仍充滿著光明和喜悅，勇敢地繼續下一個旅途！

〈獨特〉，30P，見p.10彩頁

國家圖書館預行編目資料

讓天賦飛翔／盧蘇偉著. --初版. --臺北市：寶瓶文化, 2012. 12
面； 公分. --（Vision；105）
ISBN 978-986-5896-11-9（平裝）

1. 人生哲學 2. 通俗作品
191.9 101024812

Vision 105

讓天賦飛翔

作者／盧蘇偉

發行人／張寶琴
社長兼總編輯／朱亞君
主編／張純玲・簡伊玲
編輯／賴逸娟・禹鐘月
美術主編／林慧雯
校對／賴逸娟・陳佩伶・劉素芬
企劃副理／蘇靜玲
業務經理／盧金城
財務主任／歐素琪　業務助理／林裕翔
出版者／寶瓶文化事業有限公司
地址／台北市110信義區基隆路一段180號8樓
電話／(02)27494988　傳真／(02)27495072
郵政劃撥／19446403　寶瓶文化事業有限公司
印刷廠／世和印製企業有限公司
總經銷／大和書報圖書股份有限公司　電話／(02)89902588
地址／新北市五股工業區五工五路2號　傳真／(02)22997900
E-mail／aquarius@udngroup.com

法律顧問／理律法律事務所陳長文律師、蔣大中律師
如有破損或裝訂錯誤，請寄回本公司更換
著作完成日期／二〇一二年
初版一刷日期／二〇一二年十二月
初版三刷日期／二〇一二年十二月二十日
ISBN／978-986-5896-11-9
定價／三〇〇元

AQUARIUS 寶瓶 文化事業

愛書人卡

感謝您熱心的為我們填寫，
對您的意見，我們會認真的加以參考，
希望寶瓶文化推出的每一本書，都能得到您的肯定與永遠的支持。

系列：Vision105　**書名：讓天賦飛翔**

1. 姓名：____________________ 性別：□男　□女
2. 生日：_____年_____月_____日
3. 教育程度：□大學以上　□大學　□專科　□高中、高職　□高中職以下
4. 職業：__________________
5. 聯絡地址：____

   聯絡電話：____________________　手機：____________________
6. E-mail信箱：______________________________________

   □同意　□不同意　免費獲得寶瓶文化叢書訊息
7. 購買日期：_____ 年 _____ 月 _____日
8. 您得知本書的管道：□報紙／雜誌　□電視／電台　□親友介紹　□逛書店　□網路

   □傳單／海報　□廣告　□其他
9. 您在哪裡買到本書：□書店，店名____________　□劃撥　□現場活動　□贈書

   □網路購書，網站名稱：________________　□其他____________
10. 對本書的建議：（請填代號　1. 滿意　2. 尚可　3. 再改進，請提供意見）

    內容：____________________________

    封面：____________________________

    編排：____________________________

    其他：____________________________

    綜合意見：____
11. 希望我們未來出版哪一類的書籍：____________________________________

讓文字與書寫的聲音大鳴大放

寶瓶文化事業有限公司

（請沿此虛線剪下）

廣　告　回　函
北區郵政管理局登記
證北台字15345號
免貼郵票

寶瓶文化事業有限公司　收

110台北市信義區基隆路一段180號8樓

8F,180 KEELUNG RD.,SEC.1,

TAIPEI.(110)TAIWAN R.O.C.

（請沿虛線對折後寄回，謝謝）

就會滿足於你的九十九分！
人，那誰是自己最大的朋友？
任自己，那誰還能肯定、信任我們？
內在世界的門，學會賞識自己，你才能夠——諒解父母的不夠完
、了解另一半的付出和努力！

——沒有孩子「該」聽話

3個真實案例，告訴你——要孩子聽話才是最大的錯誤！「第十一
觀護所的談話室。盧老師最想傳達：沒有一個孩子「應該」是聽話
有一對父母「理所當然」的必須永遠扮演付出的角色。只要充分了
不會有過多的期待，自然就能夠互相擁有彼此的愛。

—教養與愛的27堂課

！但要教出充滿笑臉的孩子，卻不容易！
沒有喜悅；考第二名的孩子，選擇從樓上墜落；我們的孩子，怎麼
，是尊重，是傾聽，是體諒，是寬容。愛是讓對方成為他自己，做
盧老師輔導的真實故事，讓父母親們重新檢視愛的真諦。

逆

懂孩子的行為：看見隱藏在叛逆背後，那顆渴望被理解的心！
東西！他偷竊！他奪門而出！
樣的吶喊？！
是不斷學習的過程，只要能將每段經歷都當成反省與觀察的機會；就
見叛逆背後的真心話！

看見男人——搞定你的老公與兒子

親子專家盧蘇偉最誠實的男人剖析；幫助你讀懂複雜而孤寂的男性內心！
戀母情結？性幻想？電車痴漢？外遇？偷窺？為愛傷人？
我的寶貝兒子、乖乖老公，他們到底是怎麼回事？！
盧老師最開誠布公的男性全方位剖析！幫助女人瞭解男人的傷；也幫助男人看見自我的內在苦悶！放下對抗與論辯的心，以愛的角度理解與接納，陪著家中的大小男人一起成長！

知名暢銷激勵作家

盧蘇偉

傾聽、陪伴、幫助現代人
找回自己的心靈大作！